lonely planet

LISBONNE

PARTIR EN FAMILLE

Johan Ricou

L'auteur Johan Ricou

Parisien tombé amoureux de Lisbonne grâce aux hasards de la vie, Johan vit dans la capitale portugaise depuis 20 ans. Auteur, journaliste et traducteur, ce graphomane compulsif jongle avec les mots avec passion et enthousiasme. Sa principale source d'inspiration ? Son fils Maël, qui imprègne de sa présence chaque page de ce guide. Il lui est dédicacé.

L'illustratrice lili Bé

lili Bé est une artiste française qui vit à Londres. Elle partage sa vie entre son rôle de maman, son travail d'illustratrice et la tenue d'un blog très drôle (130cartons.com), qui dépeint la vie d'une maman française à Londres. Son talentueux coup de crayon illumine les pages du guide et celles du livret enfants.

En Voyage Éditions | un département édi8

PARTIR EN FAMILLE À LISBONNE
2e édition

12, avenue d'Italie – 75627 Paris Cedex 13
Direction Frédérique Sarfati-Romano
Direction éditoriale Didier Férat
Fabrication Emmanuelle Laine
Imprimé par L.E.G.O. (Legatoria Editoriale Giovanni Olivotto), Italie
Dépôt légal Mars 2019
ISBN 978-2-8161-8161-7896-8

Conception et réalisation
Dominique Goldsztejn

Un grand merci à En Voyage Éditions et plus particulièrement à Frédérique Sarfati-Romano pour sa confiance et à Didier Férat pour ses précieux conseils. Merci à toutes les bonnes fées (elles se reconnaîtront) qui m'ont soutenue tout au long de cette aventure. Merci aussi à tous les charmants *crianças* qui se sont prêtés à nos enquêtes sur place. Merci du fond du cœur à toute mon équipe pour me suivre dans toutes mes exigences. Et bien sûr merci à vous, lecteurs, qui m'avez témoigné au cours de ces années remerciements, suggestions et encouragements à continuer et à faire grandir cette collection. Vos messages me touchent énormément et permettent d'améliorer sans cesse la collection, alors surtout continuez à vous exprimer en écrivant à : commentaires@tfbw.eu

Coordination
TFBW Éditions Dominique Goldsztejn
Conception graphique
François Loudenot
Cartographie
Kamisphère
Contributions
Brigitte Djian, Isabelle Petit

Ça y est, c'est décidé, vous allez emmener votre couvée à Lisbonne. Excellente idée !

Le guide que vous tenez entre les mains a été conçu comme un sésame, un passe-partout qui vous permettra de découvrir en famille les innombrables charmes de cette ville dont on tombe volontiers amoureux au premier coup d'œil.

Lisbonne jouit en effet d'avantages à faire pâlir d'envie la plupart des capitales européennes : un ensoleillement privilégié, un climat à la douceur exceptionnelle et de passionnants monuments, le tout dans une cité à taille humaine que l'on parcourt essentiellement à pied. Sa localisation idéale, à l'embouchure du Tage, vous donnera peut-être même l'occasion d'aller piquer une tête dans les vagues de l'Atlantique, accessibles en train depuis le centre-ville. Un plaisir à ne pas se refuser !

Folklore, gastronomie et artisanat locaux, sites historiques, jardins, fleuve féerique et belvédères à couper le souffle vous attendent à chaque coin de rue de celle que l'on surnomme la "ville aux sept collines". Nous espérons que vous prendrez autant de plaisir à la découvrir que nous en avons eu à rédiger ce guide. Et que partir en famille à Lisbonne demeurera pour vous un souvenir inoubliable. Nous prenons les paris !

On fait quoi aujourd'hui ? Quand est-ce qu'on mange ? Où est-ce qu'on dort ? On fait comment ? Ne cherchez plus, vous avez toutes les réponses entre les mains avec, en prime, un cahier de 24 pages de jeux pour vos lutins.

Allez, hop, c'est parti !

SOMMAIRE

PORTUGUESE SARDINES
PINHAIS

Où quand comment ?

Un peu d'histoire

Fondée en 1200 av. J.-C., l'actuelle capitale du Portugal a traversé les siècles en profitant de son emplacement géographique stratégique avec son port idéalement situé. Malgré de longues périodes d'occupation, d'abord romaine puis musulmane, la cité s'est forgé une forte identité au fil des millénaires et a longtemps été une place commerciale incontournable. Si vous ne savez pas qui sont Sebastião José de Carvalho e Melo et António de Oliveira Salazar, plongez avec nous dans la riche histoire du Portugal.

Naissance de Lisbonne

Selon la légende, Lisbonne (Olissipo en grec ancien) doit son nom au célèbre héros mythologique **Ulysse**, qui aurait fondé la ville après la guerre de Troie. Mais l'histoire est toute différente. Lisbonne date d'environ 1200 av. J.-C., ce qui en fait l'**une des plus anciennes cités d'Europe** – Rome ne remontant qu'au VIIIe siècle av. J.-C. Ce sont les Phéniciens qui auraient contribué au développement des premiers bourgs, sur la colline de l'actuel château Saint-Georges. Ces marchands et marins invétérés appréciaient particulièrement ce **port tranquille** et idéalement situé, à l'embouchure du Tage, qu'ils baptisèrent Alis Ubbo, "port sûr" en phénicien. Sous leur impulsion, Lisbonne devient un **site commercial** de premier plan qui aiguise les appétits. Notamment celui de Carthage, qui exerce sa domination centralisatrice sur la ville dès le IVe siècle av. J.-C.

Ils sont partout, ces Romains !

Entre 218 et 206 av. J.-C., à l'occasion des **guerres puniques** qui opposent Rome à Carthage, les Romains chassent les Carthaginois de la péninsule Ibérique. Lisbonne s'allie alors à Rome et devient l'une des plus importantes cités de la province d'**Hispanie.** Sous domination romaine, elle bénéficie de nombreuses nouvelles constructions : un grand théâtre, ainsi des thermes, un forum et de multiples temples. La zone du château est fortifiée. Point stratégique de la route commerciale de l'Empire, Lisbonne prospère. Ses habitants obtiennent même la nationalité romaine, un privilège rare pour les peuples non italiens. Merci Jules César !

Des Maures bien vivants

Après la chute de l'Empire romain d'Occident, les Wisigoths et d'autres peuples germaniques se disputent la péninsule Ibérique pendant plusieurs siècles. Lisbonne subit alors de **nombreux pillages** et son dynamisme mercantile fond comme neige au soleil. Mais en 714, en pleine conquête musulmane, les Maures s'installent à Lisbonne. Ils n'en partiront qu'en 1147, non sans avoir rendu à la ville ses lettres de noblesse. Redevenue un grand centre administratif et commercial, la cité est à son **apogée** au Xe siècle et abrite plus de 100 000 habitants. Al-Ushbuna (Lisbonne en arabe) connaît d'importantes modifications architecturales : une imposante mosquée, un palais et un château, qui deviendra plus tard le château Saint-Georges. Les Maures se montrent tolérants à l'égard des populations chrétiennes et juives et Lisbonne prospère de nouveau.

Qui étaient les Maures ?

À l'origine, les Maures étaient les populations berbères du Maroc et de l'Algérie. Mais à l'époque des conquêtes musulmanes, le terme signifie simplement "musulmans". Ils ont pris possession de la péninsule Ibérique entre 711 et 732 et ne l'ont quittée définitivement qu'en 1492, après la chute de Grenade.

La “reconquista” portugaise

Alors que la péninsule est le terrain de la reconquête chrétienne, **Afonso Henriques** s'autoproclame roi du Portugal (1139), ancien comté de royaume de León. En 1147, les troupes portugaises se lancent à l'assaut de Lisbonne par la terre, appuyées par une flotte de **164 bateaux croisés** qui attaque par la mer. Le siège dure plusieurs mois et fait d'importantes victimes parmi les chrétiens, mais le 23 octobre, ceux-ci parviennent à pénétrer dans la ville fortifiée. Ils commettront pendant quatre jours de violents pillages, massacrant la population locale sans aucun discernement, jusqu'à ce que le roi Afonso Henriques s'empare officiellement de la cité, le 1er novembre. Un siècle plus tard, en 1255, Lisbonne, qui devient la **capitale du royaume portugais**, s'affirme comme un port incontournable en Europe.

À la conquête du monde

En 1415, les troupes portugaises menées par le jeune prince **Henri le Navigateur** (Infante Dom Henrique) s'emparent de la ville de Ceuta. Ce fait d'armes constituera le point de départ de l'**expansion coloniale** du royaume et de ses grandes découvertes maritimes. Dès 1419, les Portugais débarquent sur l'île de Madère. Suivent les Açores, en 1427, et le Cap-Vert, en 1446. L'un des objectifs de ces conquêtes africaines est aussi de contourner le continent afin de découvrir une route maritime pour l'Inde, ce qui est chose faite le 17 mai 1498, lorsque la flotte dirigée par **Vasco de Gama** atteint les environs de Calcutta. En 1500, c'est **Pedro Álvares Cabral** qui est chargé de poursuivre le travail accompli par Vasco de Gama : il quitte Lisbonne à la tête d'une importante armada, direction l'Inde et ses richesses. Mais arrivé au Cap-Vert, il dévie de sa route pour une raison inconnue et, le 22 avril 1500, le voilà qui aperçoit les côtes de l'actuel **État de Bahia**, au Brésil. Grâce à cet empire colonial, le pays s'enrichit et Lisbonne en profite très largement. Surnommée "la reine du Tage", la ville n'a jamais été aussi puissante. C'est notamment de cette époque que date la construction (dès 1502) du somptueux monastère des Hiéronymites, édifié pour saluer le succès de Vasco de Gama. Lisbonne a beaucoup d'or et cela se voit.

Le tremblement de terre de 1755

1er novembre 1755 : alors que les Lisboètes assistent à la messe dominicale, un terrible **tremblement de terre** frappe Lisbonne. Sous la violence du choc, les eaux du Tage sortent de leur lit et un raz de marée ravage toute la partie basse de la cité. Pendant plusieurs jours, de nombreux incendies achèvent de détruire près d'un **tiers de la ville.** Les pertes humaines sont estimées à 30 000 personnes. Le visage de la ville est changé à jamais, mais le **marquis de Pombal** va rapidement prendre les choses en main et révolutionner Lisbonne. Les ruines sont rasées et cèdent la place à un quartier fait de rues rectilignes et d'édifices aux façades sobres et identiques. Ce tremblement de terre a profondément marqué l'histoire de Lisbonne et la mémoire collective de ses habitants, d'autant que de **légères secousses** se font régulièrement sentir de nos jours. Si les meubles de votre chambre tremblent, ne soyez pas surpris !

Une guerre de 28 ans

Les relations entre le Portugal et l'Espagne sont loin d'être un long Tage tranquille. La guerre de Restauration (1640-1668) a permis aux Portugais de se libérer définitivement du joug de son puissant voisin. Le conflit a débuté un 1er décembre, un jour désormais férié au Portugal.

Un dictateur à la main de fer

Le marquis de Pombal se méfiait des jésuites de la Compagnie de Jésus, qu'il soupçonnait d'agir comme un pouvoir autonome au sein de l'État portugais. Résultat, en 1759, tous les jésuites furent expulsés du pays et de ses colonies. Radical… comme le marquis de Pombal.

Le marquis de Pombal, un personnage controversé

Sebastião José de Carvalho e Melo, le vrai nom du **marquis de Pombal** (1699-1782), aurait-il laissé la même trace dans l'histoire du Portugal sans le tremblement de terre de 1755 ? Probablement pas. Car si cet ex-ambassadeur était déjà le Premier ministre du roi Joseph Ier à l'époque de la catastrophe, il a habilement su surfer sur la vague du succès de la reconstruction de Lisbonne pour asseoir son influence et promouvoir un despotisme éclairé par les Lumières. Fort de pouvoirs élargis, il a mené de main de fer de nombreuses réformes économiques et administratives. Le Portugal lui doit également **l'abolition de l'esclavage**. Le marquis de Pombal a notamment donné naissance à l'adjectif **"pombalin"**, qui illustre le style typique de la ville basse, fruit de son entreprise de reconstruction de la capitale portugaise. On parle par exemple d'architecture pombaline lorsqu'on évoque le centre-ville historique.

L'État nouveau selon Salazar

Le 1er février 1908, le roi **Charles Ier de Portugal** est assassiné par des anarchistes, dans un contexte de révolution industrielle et de poussée marxiste en Europe. Le peuple portugais est avide de liberté et se révolte en 1910. La **Première République** est proclamée le 5 octobre de la même année et sera caractérisée par une longue période d'instabilité. Celle-ci aboutira à l'avènement de la "**dictature nationale**" (1928-1933) et à la montée en puissance d'un jeune ministre des Finances : **António de Oliveira Salazar,**

dictateur en devenir. Fort de ses succès économiques, Salazar est nommé Premier ministre en 1932. Dès 1933, il impose au président de la République une nouvelle constitution instituant un pouvoir dictatorial, autocratique et répressif, appelé **Estado Novo** – “État nouveau” en portugais. “Dieu, famille, patrie” devient la devise officielle du pays. En 1968, Salazar est écarté du pouvoir après un accident vasculaire cérébral. Il mourra en 1970. L’État nouveau, quant à lui, résistera jusqu’à la **révolution des œillets**, le 25 avril 1974. Cette révolution pacifique a vu l’armée, soutenue par la population, renverser la dictature salazariste et mettre en œuvre une révolution démocratique. Elle porte ce nom car les militaires arboraient des œillets rouges au bout de leur fusil, en signe de ralliement.

Lisbonne au XXIe siècle

Ces vingt dernières années, le visage de la ville a considérablement changé. Lisbonne a profité du **boom économique** des années 1990 pour restaurer ses monuments et rénover ses nombreux immeubles en ruines, jusqu’à devenir une destination de premier plan. L’**Exposition universelle de 1998** symbolise notamment le rattrapage de la cité. Sous l’effet des récentes crises financières, le tourisme s’est imposé comme un **secteur-clé de l’économie** de Lisbonne. Tout est fait pour le dynamiser, au risque d’en faire un peu trop et d’entraîner la ville sur la voie d’un tourisme de masse qui ne lui sied guère. Cette menace est toutefois soigneusement contrôlée par des habitants très vigilants. Vous pouvez compter sur eux pour que Lisbonne ne sacrifie pas son âme !

Vivre comme les Lisboètes

Les Lisboètes sont des bons vivants qui ne se distinguent pas par leur ponctualité et ne refusent jamais une collation ni une discussion animée à propos du club de foot de leur cœur. Être Lisboète, c'est...

Respecter le rituel de la serviette en papier

Les Lisboètes aiment manger. À toute heure ou presque, vous verrez dans les cafés de la ville des Portugais, attablés ou au comptoir, engloutir des en-cas sucrés ou salés, accompagnés d'un bon café. Observez bien ce rituel et vous constaterez que les habitants de la capitale enveloppent délicatement l'objet de leur gourmandise dans une petite serviette en papier.

Discuter ballon rond

Le Portugal est un pays de football. Que l'on aime ce sport ou non n'a au fond aucune importance : lorsqu'on est Lisboète, on soutient évidemment l'équipe nationale, championne d'Europe et fierté de tout un peuple. En parallèle, on est aussi supporter d'un club, le Benfica, le Sporting ou Porto, selon sa localisation. L'affiliation se fait très jeune. Le virus est généralement inoculé par la cellule familiale, de père en fils ou de père en fille, la mère pouvant interférer et faire basculer le choix, si ses goûts diffèrent de ceux de son mari. Alors, à Lisbonne, après un derby entre les deux clubs de la capitale ou un duel fratricide avec l'ennemi du Nord, tout le monde en parle avec passion : les hommes comme les femmes, les enfants et les mamies, ceux qui ne manquent pas un match comme ceux qui n'en voient aucun. C'est ça, être un pays de foot !

Se promener sans sa montre

Écrire que la notion du temps n'est pas la même à Paris qu'à Lisbonne n'est pas faire injure aux Portugais. Autrement dit, les Lisboètes sont facilement en retard, dans leur vie personnelle comme au travail. Alors, enlevez votre montre, ralentissez le pas et prenez votre temps. C'est ainsi que l'on découvre Lisbonne… sans se presser !

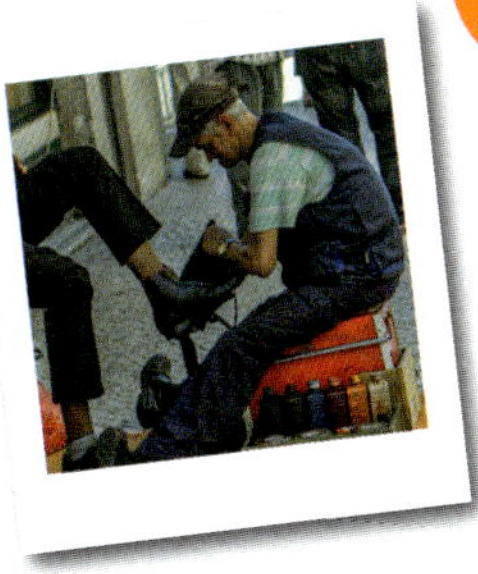

Se faire cirer les chaussures

Le métier disparaît, mais la tradition est encore vivace, notamment autour de la place du Rossio. Des cireurs de chaussures astiquent toujours avec énergie, précision et attention les souliers en cuir de quelques fidèles clients. À tester, si vos chaussures s'y prêtent !

Marcher sur des œuvres d'art

Dans le centre historique de Lisbonne, c'est une véritable œuvre d'art que l'on foule du pied : la *calçada portuguesa*. Il s'agit de petits pavés en calcaire noir et blanc qui ornent les trottoirs de la capitale et forment de magnifiques mosaïques. Étoiles, rosaces, caravelles ou simples formes artistiques, voilà sur quoi vous marcherez durant votre découverte de la ville. Attention, en cas de pluie, les trottoirs deviennent vite une dangereuse patinoire !

Les jours fériés

À Lisbonne, toutes les grandes enseignes sont ouvertes lors des jours fériés, comme bon nombre de restaurants et la plupart des musées de la capitale. Les centres commerciaux ne ferment leurs portes que le 25 décembre et le 1er janvier.

- **Ano Novo** (1er janvier)
- **Sexta-Feira Santa** (Vendredi saint, avril-mai, date variable)
- **Dia da Liberdade** (jour de la Liberté, 25 avril)
- **Dia do Trabalhador** (fête du Travail, 1er mai)
- **Dia de Portugal** (jour du Portugal, 10 juin)
- **Santo António** (saint Antoine, férié municipal, 13 juin)
- **Corpo de Deus** (Corpus Christi, juin)
- **Assunção de Nossa Senhora** (Assomption, 15 août)
- **Implantação da República** (proclamation de la République portugaise, 5 octobre)
- **Todos os Santos** (Toussaint, 1er novembre)
- **1er de Dezembro** (restauration de l'indépendance, 1er décembre)
- **Dia da Imaculada Conceição** (Immaculée Conception, 8 décembre)
- **Natal** (Noël, 25 décembre)

Lisbonne en fêtes

Toute l'année, des événements organisés à Lisbonne bousculent un peu le quotidien de la capitale. Une année de fêtes en un coup d'œil !

Février : Carnaval

Liens culturels privilégiés avec le Brésil obligent, il existe une vraie tradition du carnaval au Portugal. À tel point qu'il s'agit d'un jour férié non officiel, mais scrupuleusement respecté ! Ne manquez pas le défilé partant de la Praça dos Restauradores pour rejoindre la Praça do Comerçio, où se tient ensuite un divertissant spectacle de carnaval.

Mars : Meia Maratona de Lisboa

Tous les ans, les sportifs se retrouvent à l'occasion d'un semi-marathon très populaire, qui emprunte le pont du 25 avril et traverse le Tage. Les poussettes sont chaleureusement accueillies, pour qui se contente d'une promenade en famille inoubliable.

Juin : Festas de Lisboa

Du 1er au 30 juin, les quartiers historiques et populaires fêtent les Santos Populares ("saints populaires"). Des terrasses plus ou moins formelles fleurissent un peu partout dans les ruelles d'Alfama décorées de guirlandes kitsch et les

barbecues grillent sans discontinuer des escalopes de porc, des chorizos et les incontournables sardines, symbole des fêtes de la capitale. Le soir, des bals populaires font danser les Lisboètes et des chanteuses de fado (p. 124) donnent de la voix dans les restaurants du quartier. Le point d'orgue de ces festivités a lieu dans la nuit du 12 au 13 juin.

13 juin : Santo António

Dans la nuit du 12 au 13 juin, Lisbonne se transforme en une énorme fête à ciel ouvert et des kiosques temporaires envahissent les quartiers populaires – Alfama (p. 56) et Mouraria, principalement. Jusqu'au petit matin, les Lisboètes fêtent (très bruyamment) saint Antoine de Padoue, protecteur de la ville, à grands coups de *bifanas* (sandwichs au porc grillé), de sardines et de litres de bière, ingurgités dans une ambiance musicale assourdissante. À ne rater sous aucun prétexte : le défilé des marches populaires sur l'avenida da Liberdade, où des groupes costumés défilent en musique et selon des chorégraphies longuement répétées, devant une foule qui se masse pour ne rien perdre de ce spectacle coloré et familial. Le matin du 13 juin, les services municipaux battent tous les records de nettoyage afin qu'Alfama puisse accueillir la procession de la statue de saint Antoine, qui se tient en milieu d'après-midi, dans les petites rues longeant la cathédrale.

Août : festival de jazz à la Fundação Gulbenkian

Début août, l'amphithéâtre en plein air de la Fondation Gulbekian accueille un concert de jazz par jour, pendant dix jours. Un cadre très agréable et une programmation de qualité. Le jardin de la fondation est superbe et plaira aux enfants.

Décembre : Noël

Dès la fin novembre, les rues du centre historique se parent de jolies décorations de Noël et à la mi-décembre, la Praça do Comérçio et la rua Augusta accueillent de nombreuses animations : sapin géant, manèges, spectacles pour enfant, son et lumière, pour le plus grand bonheur de tous.

31 décembre : Jour de l'an

Le soir du 31 décembre, de magnifiques feux d'artifice sont tirés sur le Tage, depuis Lisbonne et Almada, de l'autre côté du fleuve. À admirer sur les berges ou depuis un belvédère donnant sur le Tage ! Si vous voulez éviter la foule, fuyez les bruyantes et joyeuses festivités de la Praça do Comérçio, où des concerts ont lieu jusqu'à une heure avancée.

On fait quoi aujourd'hui ?

Pour simplifier vos escapades, nous avons regroupé certains quartiers au sein de six secteurs : les très centraux et historiques Baixa-Chiado et Rossio-Restauradores, le traditionnel et escarpé quartier d'Alfama, le Bairro Alto, un quartier qui vit la nuit, Belém et ses monuments au bord du Tage et le très moderne Parque das Nações. Au fil de ces pages, vous découvrirez d'autres secteurs, hors carte, mais tout aussi passionnants. La ville aux sept collines va bientôt ne plus avoir de secrets pour vous !

Bairro Alto

1. Jardim da Estrela (p. 71)
2. Reservatório da Patriarcal (p. 74)
3. Museu da Farmácia (p. 77)

Belém

1. Torre de Belém (p. 78)
2. Mosteiro dos Jerónimos (p. 86)
3. Museu Nacional dos Coches (p. 91)

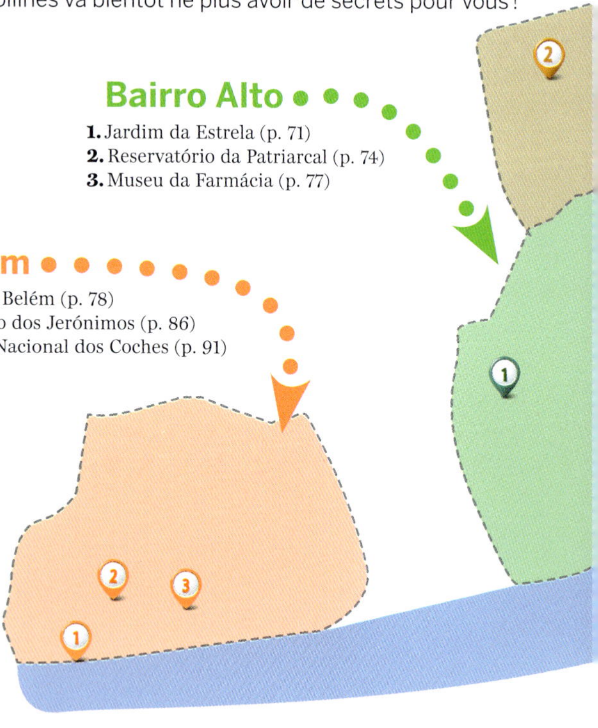

Parque das Nacões

1. Oceanário de Lisboa (p. 95)

Rossio et Restauradores

1. Praça Dom Pedro IV (p. 50)
2. Estufa Fria (p. 54)

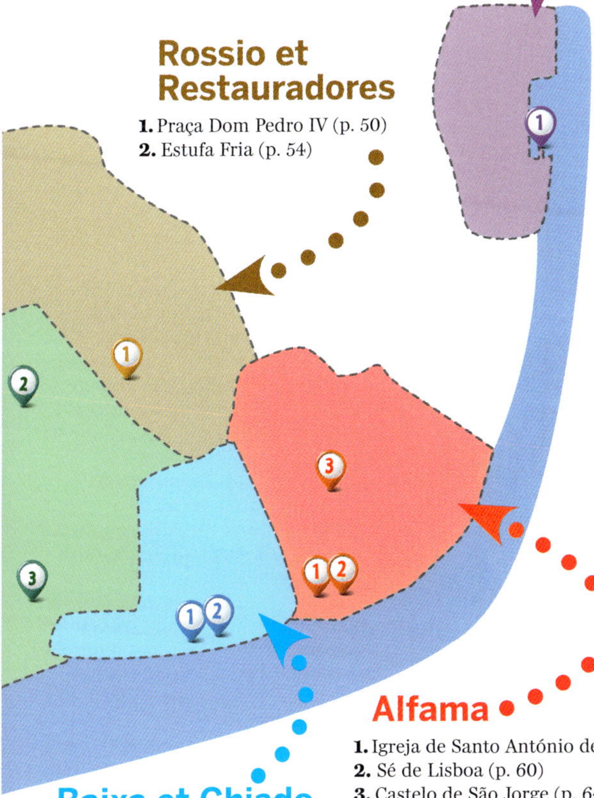

Alfama

1. Igreja de Santo António de Lisboa (p. 56)
2. Sé de Lisboa (p. 60)
3. Castelo de São Jorge (p. 64)

Baixa et Chiado

1. Praça do Comércio (p. 48)
2. Lisboa Story Centre (p. 49)

SUIVEZ LE GUIDE

La richesse de Lisbonne fait que toute préparation de circuit devient vite un casse-tête. Suivant le temps dont vous disposez pour découvrir la capitale portugaise, il vous faudra faire des choix. Pour vous y aider, voici quelques suggestions pour ne rien rater des monuments les plus emblématiques de la cité. Les horaires sont donnés à titre indicatif et pourront considérablement varier en fonction de l'âge des enfants. N'hésitez pas à adapter vos parcours selon votre rythme et vos centres d'intérêt.

Nos parcours

Parcours n° 1

Pour commencer, nous vous proposons de découvrir le cœur historique de Lisbonne, de la place du Rossio aux belvédères du quartier d'Alfama, en passant par l'austère cathédrale de Sé et le bucolique Castelo de São Jorge. Prévoyez des baskets pour cette journée grimpette !

• **9h** • Départ de la **Praça Dom Pedro IV** (Ⓜ Rossio, p. 50) qui séduit par ses fontaines et son ambiance. De là, remontez tranquillement la **Rua Augusta,** la grande rue piétonne et commerçante qui propose en été de nombreuses animations (danse, statues vivantes, musiciens) que les enfants adoreront ! Au bout vous attendent la **Praça do Comércio** (p. 48) et un **petit jeu pour les enfants** pour fêter votre arrivée à bon port (voir livret p. 4).

• **10h** • Après avoir respiré l'air pur du Tage, dirigez-vous vers le musée retraçant l'histoire de la ville : le **Lisboa Story Centre** (p. 49). À vous les sensations fortes du grand tremblement de terre !

• **11h30** • Montez jusqu'à la vieille **cathédrale de Sé** (p. 60). Avant de la visiter, poussez les portes de l'église consacrée à saint Antoine de Padoue (**Igreja de Santo António**, p. 56) située une centaine de mètres en contrebas. Vous pourrez ainsi comparer l'austérité de la première et les richesses de la seconde.

• **12h30** • En ressortant, engouffrez-vous dans la petite **Rua São João da Praça** et partez à la découverte du labyrinthe de ruelles du quartier d'**Alfama**. Perdez-vous un peu avant de tomber par miracle sur l'un des restaurants que nous avons sélectionnés (p. 157).

• **14h30** • Et hop ! c'est parti pour une grimpette d'une quinzaine de minutes jusqu'au **Castelo de São Jorge** (p. 64). Vous pouvez aussi prendre le bus 37 ou le tramway 28, mais attention, ils sont souvent bondés.

• **15h30** • Après la visite du château, petite pause dans son **jardin ombragé** avant de vous diriger vers le **Largo das Portas do Sol** (p. 37), un belvédère situé à deux pas dont la **vue sur Alfama** est magnifique.

• **16h** • Prochaine étape : la visite du ravissant **Museu de Artes Decorativas** (musée des Arts décoratifs, p. 63), qui vous donnera l'occasion d'apprécier la façon dont les nobles portugais du XVIIIe siècle décoraient leur palais.

• **17h** • Redescendez à pied jusqu'à la cathédrale (enfin une inclinaison favorable !) et offrez-vous une petite **promenade en tuk-tuk** pour terminer la journée tranquillement. Choisissez votre véhicule sur le parvis de la

Sé et négociez les prix ! Nous vous suggérons de faire un grand tour d'Alfama jusqu'à Graça, afin de découvrir les sites exigeant trop de grimpette : **São Vicente de Fora** (p. 67), le **Panteão Nacional** (p. 68) et le belvédère de l'**Igreja da Graça** (p. 66), par exemple.

• **20h30** • Une **soirée fado** dans l'un des restaurants de notre sélection (p. 125) vous permettra de terminer cette journée en musique !

Parcours n° 2

Ce parcours vous conduira de la partie la plus ancienne de la ville à son quartier le plus moderne. Vous découvrirez ainsi la Baixa et le très culturel quartier du Chiado, avant de filer au Parque das Nações dire bonjour à des requins.

• **9h** • Départ de la **Praça dos Restauradores**, (M Restauradores), reconnaissable à son obélisque. Redescendez vers la **Praça Dom Pedro IV** (p. 50) en passant devant la superbe **gare du Rossio** aux allures de palais.

• **9h30** • Empruntez la piétonne **Rua Augusta** et prenez à droite dès que vous apercevez l'immense **Elevador de Santa Justa** (p. 36). Il vous conduira jusqu'au **Convento do Carmo** (couvent de Carmo, p. 46), où d'étranges momies précolombiennes vous attendent... Âmes sensibles s'abstenir !

• **11h30** • Découvrez le noble quartier du **Chiado** en parcourant tranquillement la **Rua Garrett**, bordée de boutiques. Puis poussez jusqu'à la **Praça Luís de Camões** avant de remonter jusqu'au **Miradouro de São Pedro de Alcântara** (p. 39) dont la vue sur le Castelo São Jorge (p. 64) est magnifique.

• **12h30** • Suivant l'heure, flânez le nez en l'air dans les ruelles du **Bairro Alto** ou allez déjeuner dans un restaurant recommandé au Chiado ou dans la Baixa (p. 150).

• **14h** • Prenez le métro à la station Baixa-Chiado pour filer au **Parque das Nações** où un super après-midi vous attend.

• **15h** • Ça y est, vous pénétrez dans l'**Oceanário de Lisboa** (oceanarium de Lisbonne, p. 95), un endroit fascinant pour observer raies mantas, pingouins, requins-marteaux, loutres et plein d'autres espèces marines surprenantes.

• **17h** • L'après-midi ludique n'est pas fini ! Avalez un **goûter** pour reprendre des forces (p. 169) et baladez-vous dans le **quartier piéton** pour découvrir ses jardins et fontaines.

• **20h** • Notre suggestion pour ce soir : un **dîner** au **Chapitô à Mesa** (p. 158), en contrebas du Castelo São Jorge. Le panorama est bluffant.

• **21h** • Après dîner, offrez-vous une **excursion en tramway 28**. À cette heure, même en été, il est un peu moins bondé. Une suggestion : partez de la **cathédrale de Sé** (p. 60) pour rejoindre la **Basílica d'Estrela** (p. 70), avant de refaire le chemin en sens inverse. Comptez une bonne heure.

Parcours n° 3

Nous vous invitons à découvrir aujourd'hui Belém, qui n'est qu'à 30 min de la Praça do Comércio et qui recèle de nombreuses activités qui vont réjouir votre petite famille.

• **9h** • Départ depuis la **Praça do Comércio** (M Terreiro do Paço) où vous embarquez à bord du **tramway 15** en direction de Belém.

• **9h30** • Dès votre arrivée, filez aux **Pasteis de Belém** (p. 167) où vous pourrez déguster les délicieuses bombes caloriques du même nom, même s'il faut faire la queue. Promis, juré, le jeu en vaut la chandelle !

• **10h** • Le ventre plein, prenez le temps de découvrir le monumental **Mosteiro dos Jerónimos** (monastère des Hiéronymites, p. 86) en le couplant éventuellement avec le **Museu da Marinha** (musée de la Marine, p. 85). Après la visite, les enfants méritent de se dégourdir les jambes dans le grand espace vert de la **Praça do Império** (p. 84).

• **12h30** • Il est l'heure d'aller **déjeuner** dans l'un des restaurants de notre sélection (p. 166) ou de **pique-niquer** dans le grand jardin de la **Praça do Império**.

• **14h** • Pour la pause digestive, nous vous proposons un petit tour à la fondation Berardo du **Centro Cultural de Belém** (Centre culturel de Belém, p. 83), dotée d'une superbe collection d'art moderne dont l'accès est gratuit. Ce serait donc bête de s'en priver !

• **15h** • Direction les **berges du Tage** pour vous promener le long du fleuve. C'est là que vous ferez connaissance de la **Torre de Belém** (tour de Belém, p. 78) et du très massif monument dédié aux grandes découvertes maritimes, le **Padrão dos Descobrimentos** (p. 82). Les deux offrent une très belle vue, mais c'est ce dernier qui a notre préférence.

• **16h30** • Voici l'heure du goûter. Faites le plein d'énergie et direction le magnifique **Museu Nacional dos Coches** (musée des Carrosses, p. 91). Fouette, cocher !

• **18h** • Il est probablement temps de reprendre le tramway 15 pour regagner la **Praça do Comércio** et le centre-ville de Lisbonne.

• **21h** • Après dîner, allez admirer le **coucher de soleil** depuis les berges du Tage, au **Cais Ribeira das Naus** (p. 40).

Parcours n° 4

Pour visiter Sintra, une journée entière s'impose. Après une petite heure de train, à vous les palais, les vieux châteaux, un immense parc et une délicieuse *queijada* !

• **9h** • Rendez-vous à la **gare du Rossio** (M Rossio ou Restauradores). Un train vous conduira à la gare de Sintra, d'où vous rejoindrez le centre-ville à pied (une dizaine de minutes) ou en navette (bus 434). Très pratique, ce bus dessert toutes les visites programmées. Les billets s'achètent à bord auprès du chauffeur.

• **10h** • Même si votre ventre est plein, il faudra goûter aux **queijadas** de Sintra à la **Fábrica das Verdadeiras Queijadas de Sapa** (p. 171), avant d'attaquer la visite du **Palácio Nacional** (p. 93) de la ville !

• **12h30** • Une petite marche de 15 min et vous voilà à la **Quinta da Regaleira** (p. 116), une étrange demeure néogothique et ses étranges cavernes, son superbe jardin et ses mystérieux signes ésotériques.

• **13h30** • Il est temps de **déjeuner** dans le centre-ville de Sintra (p. 171) et de flâner un peu dans ses petites rues.

• **14h** • Prenez le bus 434 à l'arrêt Palácio Nacional pour en redescendre à l'arrêt Castelo dos Mouros pour vous rendre aux ruines du **Castelo dos Mouros** (château des Maures, p. 115), où le point de vue sur la région est décoiffant. Pensez à acheter le billet combiné en ajoutant la prochaine visite (Palácio da Pena et son parc), cela vous reviendra moins cher (voir p. 115).

• **16h** • Toujours en navette, vous terminerez votre journée par la visite du surprenant **Palácio da Pena** (p. 113) et de son gigantesque parc (p. 115). Se prendre pour Cendrillon dans un décor pareil valait bien le déplacement !

• **18h** • Direction la **gare** grâce à la même navette, puis retour à Lisbonne.

• **20h** • La journée a été fatigante. Pourquoi ne pas la terminer par un dîner contemplatif, sur la terrasse du belvédère de Santa Catarina, au **Noobai Café** (p. 164) ?

Parcours n° 5

Au programme de cette journée hors des sentiers battus : le musée du Fado, celui de l'Azulejo, une traversée du fleuve et la visite d'une frégate du XIXe siècle !

• **9h** • Démarrage en musique avec la visite du **Museu do Fado** (p. 61), que vous rejoignez à pied en une dizaine de minutes depuis la **Praça do Comércio** (M Terreiro do Paço).

• **10h30** • Prenez ensuite le bus 794 (de Caso do Conto à Madre de Deus) pour découvrir le formidable **Museu do Azulejo** (p. 109).

• **12h30** • Retour à la **Praça do Comércio** par le bus 794 et **déjeuner** dans l'un des restaurants conseillés dans les parages (p. 150).

• **14h** • Rendez-vous à pied à la **gare maritime de Cais do Sodré** en longeant le Tage via le **Cais da Ribeira das Naus** (p. 40). À la gare, embarquez à bord du **ferry Transtejo** en direction de Cacilhas pour une agréable traversée d'une quinzaine de minutes.

• **14h30** • Quelques minutes de marche et vous voilà arrivés à la magnifique **frégate Dom Fernando II e Glória** (p. 108), un bateau devenu musée.

• **16h** • Retour à la **Praça do Comércio** via le même chemin, mais en sens inverse.

• **20h** • Pour finir cette journée, allez dîner au **Mercado da Ribeira** (p. 150), un ancien marché couvert regroupant divers restaurants.

Et s'il pleut

Le climat de Lisbonne est océanique et il n'est pas rare que la ville soit traversée par de très fortes averses, aussi violentes que courtes. Et ce en automne, en hiver ou même au printemps. Mais pas de panique, nous avons la solution : le Parque das Nações.

Entre l'**Oceanário** (p. 95), le **Pavilhão do Conhecimento** (le musée de la Connaissance, p. 94) et l'immense **centre commercial Vasco da Gama** (p. 184), vous avez largement de quoi passer une journée en évitant de vous retrouver sous les gouttes.

Lisbonne pour tous les goûts

Que vos bambins soient des artistes en herbe, des apprentis poètes ou des enfants curieux de tout, voilà quelques suggestions selon leurs centres d'intérêt.

Pour respirer l'air pur

- L'immense Parque da Pena à Sintra (p. 115)
- Le Jardim da Estrela et son aire de jeux (p. 71)
- Le Parque Eduardo VII et son Estufa Fria (p. 54)
- Le Jardim Botánico da Ajuda, pour ses étranges espèces (p. 92)

Pour les petits archéologues

- Le Núcleo Arqueológico et ses vestiges phéniciens et romains (p. 47)
- Le Museu do Teatro Romano, pour ses ruines du IIIe siècle av. J.-C. (p. 62)
- Les ruines du Convento do Carmo pour son Museu Arqueológico (p. 46)

Pour les z'amis des z'animaux

- Le Jardim Zoológico (le zoo de Lisbonne) et son spectacle de dauphins (p. 100)
- L'Oceanário du Parque das Nações (p. 95)
- Les canards du Jardim da Estrela (p. 71)
- Les chevaux du Picadeiro Henrique Calado (p. 90)

Pour les princes et les princesses

- Le Palácio da Pena à Sintra digne d'un décor d'un film Disney (p. 113)
- La Quinta da Regaleira, l'étrange palais ésotérique de Sintra (p. 116)
- Le Palácio Nacional da Ajuda, une ancienne résidence royale transformée en musée (p. 93)
- Une promenade en calèche à Belém, pour la beauté des chevaux lusitaniens (p. 33)
- Le Museu Nacional dos Coches, pour se prendre pour Cendrillon (p. 91)

Pour les artistes en devenir

- Le Museu Calouste Gulbenkian et sa collection classique (p. 102)
- Le Museu Nacional de Arte Antiga et sa superbe collection (p. 106)
- Le Centro Cultural de la fondation Berardo, à Belém (p. 83)
- Le Museu Nacional do Azulejo, un véritable coup de foudre (p. 109)

Pour les moussaillons

- La traversée du Tage en bateau (p. 29 et 111)
- Une balade au bord du fleuve, à Belém (p. 27), ou au Cais Ribeira das Naus (p. 40)
- Une journée à la plage (p. 120)
- Une promenade originale en Hippotrip (p. 34)
- La Fragata Dom Fernando II e Glória, pour se prendre pour un marin du XIXᵉ siècle (p. 108)

TRANSPORTS ALTERNATIFS

C'est à pied que se découvre Lisbonne. Néanmoins, certains moyens de transport alternatifs peuvent vous permettre de jouir d'une autre approche de la ville, notamment depuis son fleuve. Ou, plus prosaïquement, de reposer un peu les jambes éprouvées par la grimpette des collines de la capitale portugaise...

Hill Tram Tour

L'emblématique tramway 28, étant constamment bondé, nous vous conseillons plutôt le Hill Tram Tour, un tramway à l'ancienne, identique mais rouge, et réservé aux circuits touristiques. 1h30 de promenade sur les mêmes rails, mais dans des conditions bien plus confortables et avec des commentaires en français, ce qui justifie le prix.

Plan p. 42-43 9 F3 ONYVA ! ☐

Praça do Comércio • M Terreiro do Paço • yellowbustours.com • 213 478 030 • adulte 20 €, enfant (4-10 ans) 10 € • billet valable 24 h

Yellow Bus

Ces bus à deux étages, dont le niveau supérieur est découvert, sont très agréables en été – un peu moins en hiver. Les billets sont valables 24 h, vous pouvez descendre et remonter à tout moment ou faire le circuit non-stop. Les commentaires sont en français.

Plan p. 42-43 7 F1 ONYVA ! ☐

Praça da Figueira • M Rossio • yellowbustours.com • 213 478 030 • adulte 25 €, enfant (4-10) 12,50 € • billet valable 24 h

Le tuk-tuk

Les tuk-tuk ont envahi le centre-ville de Lisbonne. Ces véhicules électriques peuvent se révéler bien pratiques pour un premier aperçu des points les plus iconiques de la capitale. Vous pouvez personnaliser votre parcours ou vous laisser guider par votre chauffeur. Prix variable selon la durée du circuit ; comptez 20-25 € par personne (négociable).

La calèche

Envie de jouer au prince et à la princesse ? Alors direction Belém pour un tour en calèche qui vous donnera l'impression de revenir à une époque où le moteur à explosion n'existait pas encore. Ce tour de Belém dure environ 20 min. Aucune réservation n'est nécessaire, il vous suffit de trouver une calèche disponible en face du Mosteiro dos Jerónimos (p. 86).

Plan p. 80-81 5 C4 ON Y VA ! ☐

Praça do Império • T Mosteiro dos Jerónimos • adulte 8,50 €, enfant (3-10) 5 €, (– 3) gratuit

Le ferry

Découvrir Lisbonne depuis le Tage est une expérience unique et le seul moyen d'avoir une perspective complète de la ville et de ses collines. Le plus économique est de prendre le ferry depuis la gare maritime de Cais do Sodré pour rejoindre Cacilas. La traversée dure 10 minutes.

Plan p. 42-43 1 B5 ON Y VA !

Estação Fluvial de Cais do Sodré • M Cais do Sodré • 210 422 436 • transtejo.pt • tlj 5h35-1h20 • adulte 1,25 €, enfant (– 6) gratuit

Yellow Boat

Pour un tour plus complet en bateau, et plus confortable, vous pouvez faire le choix du Yellow Boat, qui propose des croisières de 1h30 avec des commentaires en français. Le ticket est valable 24h, on peut monter et descendre à loisir. Il vous permettra par exemple de faire un arrêt à Belém, avant de traverser le Tage pour visiter le majestueux Christ Roi (p. 111).

Plan p. 42-43 13 F3 ON Y VA !

Praça do Comércio • M Terreiro do Paço • yellowbustours.com • 213 478 030 • adulte 20€, enfant (4-10 ans) 10 € • billet valable 24 h

Hippotrip

Vous hésitez entre un bus touristique ou une balade en bateau ? Choisissez l'Hippotrip, un concept de véhicule amphibie qui ravira les petits et les grands ! Le tour dure 90 min, dont 60 sur la terre ferme et 30 sur le Tage. Il parcourt la ville et ses principaux centres d'intérêt, puis remonte le Tage jusqu'à Belém. Le départ se trouve sous le pont 25 de Abril.

Plan p. 80-81 14 H4 ON Y VA !

Doca de Santo Amaro • T 15 Alcântara – Avenida 24 Julho • hippotrip.com • 211 922 030 • adulte 25 €, enfant (2-16) 15 €

Les funiculaires

Les vieux funiculaires de Lisbonne, que l'on appelle *ascensor*, ne sont presque plus utilisés par les habitants, quand ils ne sont pas tout simplement en panne. Le billet aller-retour vous coûtera 3,70€ (adulte et enfant de plus de 6 ans). Un peu cher et longue file d'attente à prévoir en été. Bonne nouvelle, c'est gratuit avec la Lisboa Card ou avec un billet Yellow Bus (p.32) ou Yellow Boat (p.34). La mode est aussi au street art à Lisbonne et les funiculaires sont devenus des supports pour graffeurs.

Ascensor da Glória

Fait inlassablement l'aller-retour entre la Praça dos Restauradores et le Miradouro de São Pedro de Alcântara (5 min de trajet).

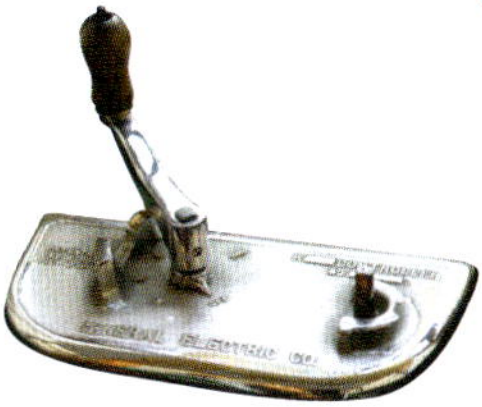

Plan p. 52-53 ② D3 ONYVA ! ☐

Accès : Praça Restauradores ou belvédère São Pedro de Alcântara • Ⓜ *Restauradores*

Ascensor do Lavra

Assure la liaison entre le Largo da Anunciada et la Rua Câmara Pestana (5 min de trajet).

Plan p. 52-53 ③ C3 ONYVA ! ☐

Accès : Largo Anunciada ou Rua Câmara Pestana • Ⓜ *Restauradores*

Ascensor da Bica

Relie la Rua de São Paulo au Largo do Calhariz (5 min de trajet).

Plan p. 72-73 ⑦ G4 ONYVA ! ☐

Accès : Rua de São Paulo ou Largo do Calhariz • Ⓜ *Baixa-Chiado*

LISBONNE VUE D'EN HAUT

Lisbonne n'est pas surnommée la ville aux sept collines pour rien. Lors de votre découverte du centre historique, vous serez ainsi frappés par les sublimes panoramas offerts par les nombreux et superbes belvédères de la capitale portugaise. Voilà nos préférés qui vous permettront d'apprécier Lisbonne autrement et vue... d'en haut !

Elevador de Santa Justa

Situé en plein quartier de la Baixa, cet ascenseur est une vieille machine métallique en fer forgé (construite en 1900 !) permettant de rejoindre le couvent du Carmo (p. 46) depuis la ville basse. De style néogothique, il s'agit d'une œuvre de Raoul Mesnier du Ponsard, un ingénieur portugais né à Porto de parents français, également à l'origine de la conception des vieux funiculaires en bois de la capitale. En haut, une passerelle donne accès au couvent et offre une vue magnifique.

Plan p. 42-43 7 **E1** ON Y VA !

Accès : Rua do Ouro • M Baixa-Chiado • tlj 9h-23h (1er mai-31 oct), 9h-21h (1er nov-30 avr) • 5,15 € (A/R) • gratuit avec la Lisboa Card ou les tickets Yellow Bus et Yellow Boat

Miradouro do Torel

C'est là tout le charme de Lisbonne : à tout moment, même en plein centre-ville, une vue qui décoiffe vous attend au détour d'une rue. Ce belvédère rarement mentionné dans les guides est situé en surplomb de la très luxueuse Avenida da Liberdade. On y accède via le funiculaire de Lavra et quelques minutes de marche. Ou comment concilier un peu de contemplation avec une expérience amusante pour les enfants ! Un titre de transport en commun est nécessaire pour utiliser l'Ascensor do Lavra (p. 35).

Plan p. 52-53 4 D3 ON Y VA ! ☐

Accès : Rua Júlio de Andrade • M Restauradores, puis Ascensor do Lavra

Miradouro de Santa Luzia

Voici l'une des petites merveilles d'Alfama, un belvédère situé un peu en contrebas de celui du Largo das Portas do Sol. En plus d'une vue superbe sur le Tage et les toits, vous y observerez de très jolis panneaux d'azulejos.

Plan p. 58-59 6 C4 ON Y VA ! ☐

Accès : Largo de Santa Luzia • T 28 Miradouro Santa Luzia

Miradouro das Portas do Sol

Littéralement, “place des Portes du soleil”. Sur les hauteurs d'Alfama, ce belvédère surplombe les toits de ce quartier populaire et offre un panorama dégagé et à perte de vue sur le Tage, juste en face du musée des Arts décoratifs.

Plan p. 58-59 7 C4 ON Y VA ! ☐

Accès : Largo das Portas do Sol • T 28 Largo das Portas do Sol

Miradouro de Santo Estêvão

Ce belvédère un peu secret et très largement préservé du tourisme de masse est en fait la petite place de l'église de Santo Estêvão, en plein cœur d'Alfama. Il dispose d'une superbe vue sur le quartier et jouit d'une tranquillité sans pareille. Il a fallu torturer l'auteur de votre guide pour qu'il accepte de révéler cette adresse.

Plan p. 58-59 ❽ D4 ON Y VA !

Accès : Beco do Carneiro, 3 • T 28 ou B 37 Sé, puis 15 min à pied

Castelo de São Jorge

Les jardins et les murailles du château Saint-Georges (p. 64) jouissent de points de vue exceptionnels sur la capitale. Vous tomberez sous le charme des panoramas plongeant sur la ville basse, les collines du Bairro Alto et le Tage. Profitez-en pour faire une petite pause bucolique et ne rien perdre de ce paysage sublime.

Plan p. 58-59 ⓫ B3 ON Y VA !

Accès : Rua de Santa Cruz • B 37 Castelo, T 28 Largo das Portas do Sol • tlj 9h-18h (nov-fév), tlj 9h-21h (mars-oct), chambre noire 10h-17h • adulte 8,50 €, ado (13-25) 7 € • le billet inclut le museu du Fado (p. 61) et *le museu do Teatro Romano* (p. 62)

Miradouro da Graça

Si vous visitez l'église et le couvent du quartier de Graça, sur les hauteurs d'Alfama, profitez-en pour découvrir son jardin, qui jouit de l'une des plus belles vues de Lisbonne. Le cadre y est très agréable et un kiosque vous donnera l'occasion de vous rafraîchir ou de vous restaurer, les yeux perdus dans le vide, avec le pont 25 de Abril tout au loin à l'horizon…

Plan p. 58-59 ⓬ B2 ON Y VA !

Accès : Largo da Graça • T 28 Graça

Miradouro da Senhora do Monte

Un peu excentré, ce belvédère situé dans le quartier de Graça, après celui d'Alfama, est tout simplement le plus haut de la ville !

Il trône en effet à 100 m d'altitude et offre une vue littéralement imprenable sur la capitale portugaise.

Plan p. 58-59 14 B1 ON Y VA ! ☐

Accès : Largo Monte • T 28 Graça

Miradouro de São Pedro de Alcântara

Ce belvédère situé à la frontière entre le Bairro Alto et le Chiado est en fait un ravissant jardin disposant d'une vue imprenable sur la ville basse, le château São Jorge, la colline de Graça et la cathédrale de Sé. Le jardin est orné d'une très jolie fontaine baroque et d'une vieille carte de la capitale tout en azulejos, à ne pas rater. Un petit kiosque et quelques tables vous permettront de prendre un verre ou un goûter. C'est l'un de nos endroits préférés pour admirer de superbes couchers de soleil !

Plan p. 72-73 5 H2 ON Y VA ! ☐

Accès : Rua São Pedro de Alcântara • M Baixa-Chiado

Miradouro de Santa Catarina

En plein cœur du Bairro Alto, ce belvédère est très populaire parmi les jeunes Lisboètes, qui l'envahissent volontiers le week-end au soir pour boire quelques verres en profitant de cette magnifique vue embrasant le Tage, le pont 25 de Abril et l'impressionnant Christ Roi (p. 111). Le Noobai Café (p. 164) vous permettra d'y déjeuner, d'y dîner ou d'y faire une simple pause gourmande.

Plan p. 72-73 9 F5 ON Y VA ! ☐

Accès : Rua de Santa Catarina, 401 • M Baixa-Chiado, T 28 Santa Catarina

BAIXA ET CHIADO

Se balader ans la Baixa (prononcez *baille-cha*) la "ville basse" de Lisbonne, c'est se plonger dans le cœur historique de la cité. Entre l'immense place du Commerce ouverte sur le fleuve, son petit musée d'archéologie ou celui retraçant l'histoire de la capitale, 25 siècles vous contemplent ! Au Chiado, quartier "intello" de la ville, place au bouillon de culture. Musée d'art contemporain, églises, café littéraire, opéra, monumental couvent à ciel ouvert... Suivez le guide !

Admirer le coucher de soleil

depuis la Cais Ribeira das Naus

Tous âges **Cette partie des berges a été aménagée pour offrir de belles balades le long du Tage. Un lieu idéal pour une promenade en famille en fin de journée.**

Depuis quelques années, Lisbonne a entrepris des travaux de réhabilitation pour offrir des espaces plaisants de **promenade** le long des berges du Tage. Cette partie des quais, située entre la Praça do Comércio et la gare Cais do Sodré, que les Portugais appellent la **"plage urbaine"**, est le cadre idéal pour une balade familiale. Ces lieux, très appréciés des Lisboètes, sont particulièrement agréables à la tombée de la nuit pour admirer le **coucher du soleil**.

Notre conseil Au cours de votre promenade, ne manquez pas de vous arrêter devant la **très jolie entrée Art déco** de la gare Cais do Sodré et l'**ancien arsenal royal** datant du XVIIIe siècle soigneusement rénové.

Plan p. 42-43 14 E4 ON Y VA ! ☐

M *Terreiro do Paço ou Cais do Sodré*

S'initier à l'art contemporain

au Museu do Chiado (MNAC)

À partir de 4 ans **Cet ancien couvent, reconverti en musée, offre un étonnant mariage artistique à découvrir.**

C'est en 1911 et dans l'ancien couvent de São Francisco da Cidade que le musée national d'Art contemporain, plus connu sous le nom de **musée du Chiado**, a installé sa très riche collection d'œuvres postérieures à 1850. Il renferme des peintures, sculptures, dessins et vidéos d'**artistes principalement portugais**, emblématiques du **mouvement contemporain**.

L'édifice vaudrait presque la visite à lui seul. Il a en effet été entièrement rénové en 1994 par l'architecte français **Jean-Michel Wilmotte** (cocorico !) et mêle les courants romantique, surréaliste, naturaliste et avant-gardiste.

Au **2e étage**, ne manquez pas l'étonnante et imposante **Sala dos Fornos** (salle des fours) qui rappelle au visiteur qu'après la suppression des ordres religieux au Portugal, les lieux avaient été reconvertis en… biscuiterie ! La **cafétéria** du musée est également à découvrir : elle donne accès au **Jardim das Esculturas** (jardin des sculptures), accueillant des œuvres de bronze datant des XIXe et XXe siècles.

Un musée dans un couvent !

À la fin du XIXe siècle, une guerre civile oppose les libéraux de Dom Pedro et les conservateurs de Miguel Ier. Le conflit sera remporté par les premiers. Farouchement opposés aux ordres religieux, ils les supprimeront le 30 mai 1834 et confisqueront tous leurs biens.

Plan p. 42-43 ② D3 ONYVA ! ☐

Rua Serpa Pinto, 4 • M Baixa-Chiado • museuartecontemporanea.pt • 213 432 148 • ma-di 10h-18h (sf j. fériés) • adulte 4,50 €, enfant (– 12) gratuit

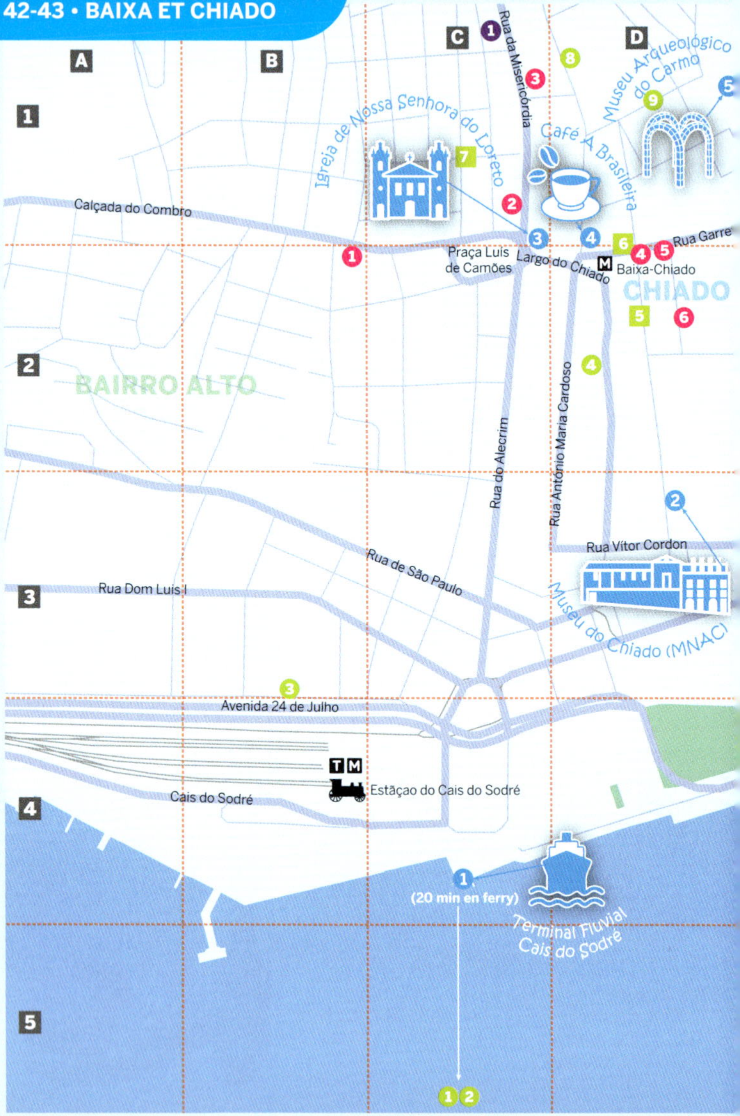
A
B
C
D
1
2
3
4
5
Rua da Misericórdia
Museu Arqueológico do Carmo
Igreja de Nossa Senhora do Loreto
Café A Brasileira
Calçada do Combro
Praça Luís de Camões
Largo do Chiado
Rua Garre
Baixa-Chiado
CHIADO
BAIRRO ALTO
Rua António Maria Cardoso
Rua do Alecrim
Rua Vítor Cordon
Rua de São Paulo
Rua Dom Luís I
Museu do Chiado (MNAC)
Avenida 24 de Julho
Estaçao do Cais do Sodré
Cais do Sodré
(20 min en ferry)
Terminal Fluvial Cais do Sodré

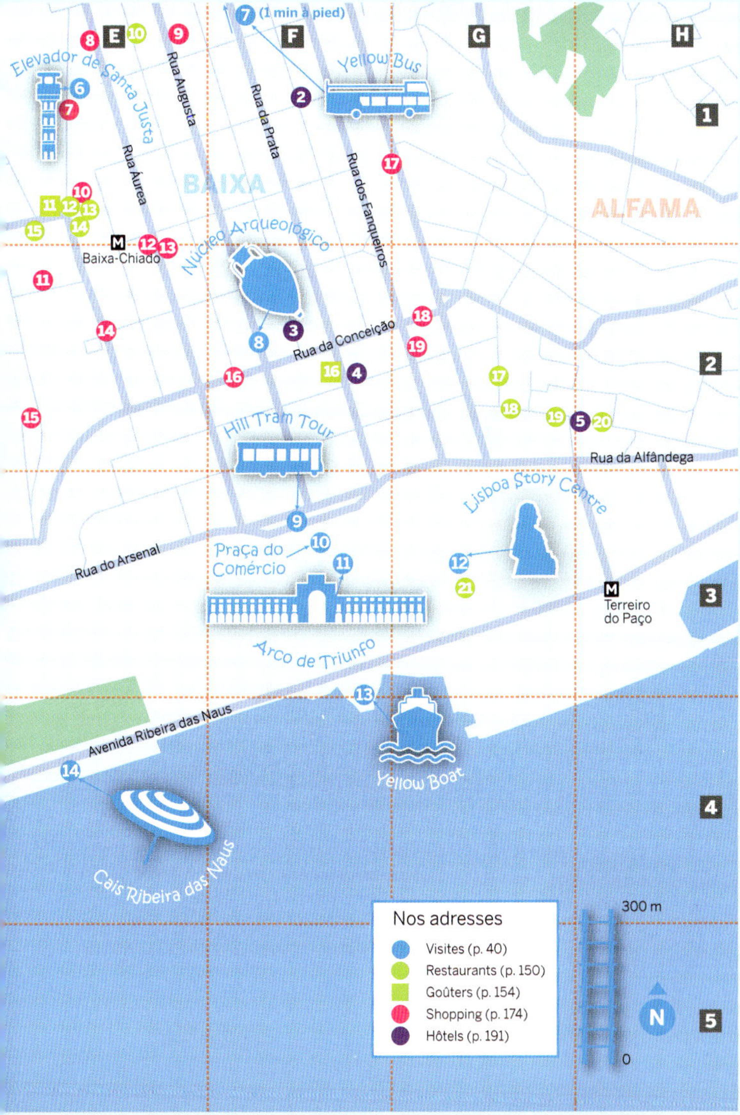

7 (1 min à pied)
E
F
G
H
1
2
3
4
5
Elevador de Santa Justa
Rua Augusta
Rua da Prata
Yellow Bus
Rua Áurea
Rua dos Fanqueiros
BAIXA
ALFAMA
Núcleo Arqueológico
Baixa-Chiado
Rua da Conceição
Hill Tram Tour
Rua da Alfândega
Lisboa Story Centre
Rua do Arsenal
Praça do Comércio
Terreiro do Paço
Arco de Triunfo
Avenida Ribeira das Naus
Yellow Boat
Cais Ribeira das Naus
Nos adresses
Visites (p. 40)
Restaurants (p. 150)
Goûters (p. 154)
Shopping (p. 174)
Hôtels (p. 191)
300 m
0
N

trouver les 12 apôtres

de l'Igreja de Nossa Senhora do Loreto

Tous âges Cette ravissante église du XVIe siècle, surnommée l'église des Italiens, se distingue par ses 12 chapelles consacrées chacune à un apôtre.

Lorette était une jeune Italienne qui aurait découvert par hasard la Sainte Maison de la Vierge, la Santa Casa. Celle-ci aurait été transportée à Loreto, dans la province d'Ancône, par **des anges** ! Cette église lui est dédiée. Dans la nef, admirez les **12 chapelles** revêtues de marbre italien et présentant les **12 apôtres,** ainsi que l'icône de **Notre-Dame-de-Lorette**.

Juste en face se dresse **Nossa Senhora da Encarnação** (1708), reconnaissable grâce à sa façade néoclassique et la magnifique peinture ornant son plafond. Un peu plus haut, vous pourrez aussi visiter l'église **Nossa Senhora dos Mártires**, reconstruite en 1774 dans un style pombalin et dédiée aux martyrs de la reconquête de la ville.

Plan p. 42-43 3 C1 ON Y VA !

Largo do Chiado • Baixa-Chiado • 213423655

Boire un café avec une statue
au Café A Brasileira

Tous âges **L'écrivain et poète portugais Fernando Pessoa a rendu cet établissement célèbre. Eh oui, il n'y a pas que Georges Clooney qui fait honneur à ce breuvage !**

A Brasileira est un **café emblématique** du Chiado. Ouvert en 1905 par un Portugais ayant fait fortune dans le café au Brésil, l'endroit est vite devenu le lieu de rencontre de nombre d'intellectuels et d'artistes lisboètes. **Fernando Pessoa** fréquentait assidûment ce café, raison pour laquelle une statue de bronze le représentant trône en terrasse et permet d'être photographié en sa compagnie. N'ayez pas peur de vous lancer, tout le monde le fait !

Plan p. 42-43 4 D1 ONYVA !
Rua Garrett, 120-122 • M Baixa-Chiado • 218 870 202 • tlj 8h-2h

Who's who : Fernando Pessoa
Écrivain et poète portugais, Fernando Pessoa (1888-1935) est une grande figure de la littérature lusophone. Son chef-d'œuvre est probablement *Le Livre de l'intranquillité*, un néologisme traduisant le génie linguistique de Pessoa.

Voir une église sans plafond
au Museu Arqueológico do Carmo

À partir de 6 ans **C'est dans les ruines d'un couvent, dont le toit a été détruit par le tremblement de terre, que se niche le musée d'Archéologie de Lisbonne.**

Face au château, sur la colline surplombant le Rossio, trônent les **monumentales ruines du Convento do Carmo**. Construit en 1389 pour accueillir des Carmélites et détruit par le tremblement de terre de 1755, il ne

reste que les murs de ce superbe bâtiment gothique. Sa reconstruction a été abandonnée au milieu du XIXe siècle, laissant l'église **à ciel ouvert**. Aujourd'hui on y trouve un **petit musée d'archéologie** qui vaut le détour, principalement pour son cadre grandiose, le superbe **tombeau gothique** de Fernando Ier et deux impressionnantes **momies précolombiennes** (âmes sensibles s'abstenir !).

Plan p. 42-43 5 D1 ON Y VA ! ☐

Largo do Carmo • M Baixa-Chiado • museuarqueologicodocarmo.pt • 213 478 629 • lu-sa 10h-18h (oct-mai), 10h-19h (juin-sept) fermé 25 dec, 1er jan et 1er mai • adulte 4 €, enfant (– 14) gratuit, Lisboa Card 3,30 €

Jouer les archéologues
au Núcleo Arqueológico

À partir de 6 ans **Ce musée archéologique vous invite à plonger dans l'histoire de Lisbonne, depuis la Rome antique jusqu'au Moyen Âge.**

Ce petit musée privé appartenant à la fondation d'une grande banque portugaise va vous entraîner dans les lointaines origines de la capitale du pays. Vous pourrez y admirer de nombreux objets et vestiges des **périodes punique, musulmane et pré-pombaline**. Pour la petite histoire, ce site qui retrace **2 500 ans d'histoire lisboète** a été découvert par hasard, entre 1991 et 1995, lors des travaux de la rénovation d'un immeuble du quartier.

Le musée se visite librement, mais si vous êtes passionnés d'archéologie et d'histoire antique et, si vous êtes à l'aise avec la langue de Shakespeare, des **visites guidées** en anglais (renseignez-vous sur place) ont lieu toutes les heures et durent environ 45 min.

Plan p. 42-43 8 F2 ON Y VA ! ☐

Rua dos Correeiros, 9 et 21 • M Terreiro do Paço, Baixa-Chiado • 212 131 004 • visites guidées tlj (sf di et j. fériés) 10h-12h, 14h-17h • gratuit

Compter les arcs
de la Praça do Comércio

Tous âges **Cette très grande place (la plus grande d'Europe !) offre de superbes points de vue sur le Tage et sa berge sud.**

Difficile de ne pas tomber sous le charme de cette **immense place** dotée de **86 arcs** et de **jolies terrasses**. C'est en 1511, lorsque le roi Manuel Ier y transféra le **palais royal**, que ces lieux ont gagné leurs lettres de noblesse. Entièrement détruits par le tremblement de terre, ils deviendront l'un des symboles du tournant commercial entrepris par le marquis de Pombal (p. 12) et hébergeront plus tard de nombreux ministères. On y pénètre en général, en passant sous l'**Arc de Triomphe** (p. 48).

JEU DANS LE LIVRET ENFANT
VOIR PAGE 4

La **statue équestre** érigée en 1775, au centre de la place, est celle du roi José Ier. Côté sud, le **Cais da Colunas** (quai des Colonnes) et ses marches en marbre plongent dans le Tage et rappellent qu'autrefois l'endroit servait à accueillir les visiteurs venus par la mer.

Plan p. 42-43 10 F3 ON Y VA ! ☐

M Terreiro do Paço

Voir Lisbonne à 360°
à l'Arco del triunfo

Tous âges **Surplombant la Praça do Comercio, l'Arc de triomphe offre depuis son sommet une vue panoramique sur le Tage et toute la ville.**

La construction de l'Arc de triomphe lisboète a débuté en 1759, dans le cadre de la reconstruction de la ville à la suite du tremblement de terre, mais ce n'est qu'en… 1873 que l'édifice a été officiellement achevé.

Du haut de ce **belvédère urbain** vous attend un **impressionnant panorama à 360 degrés** sur toute la ville, qui vous permettra d'apprécier sous un autre angle la Praça do Comércio et le Tage, le quartier de la Baixa, les ruines du Convento do Carmo, le Bairro Alto ainsi que l'Alfama, la Sé et le château Saint-Georges. On accède au sommet grâce à un ascenseur et **quelques 80 marches en colimaçon**. Un petit effort qui sera largement récompensé par la vue.

Sous le belvédère, juste à la sortie de l'ascenceur, se trouve une salle qui abrite **l'impressionnant mécanisme de l'horloge** située sur le monument. Cette petite halte devrait plaire aux petits et grands curieux.

Plan p. 42-43 11 F3 ON Y VA ! ☐

Rua Augusta/Praça do Comercio • M Terreiro do Paço • 210 998 599 • tlj 9h-20h (sept-oct et 15 avr-15 mai) 9h-19h (nov-14 avr), 9h-21h (16 mai-août) • adulte 2,50 €, enfant (– 5) gratuit

Trembler de peur
au Lisboa Story Centre

Tous âges **Ce musée retrace de façon très ludique l'histoire de Lisbonne, avec comme point d'orgue une simulation du tremblement de terre de 1755.**

Place à l'interactivité dans ce musée consacré à l'**histoire de la ville.** En 60 minute chrono et avec l'aide d'un audioguide, vous y revivrez les grands moments de Lisbonne, ses **périodes phénicienne ou romaine**, les découvertes maritimes du XVIIIe siècle, etc.

Lors de la visite, laissez-vous surprendre par l'animation reconstituant fidèlement le **tremblement de terre de 1755** ! Ce voyage dans le temps plaira à toute la famille. Attention, pour les plus petits, la reconstitution peut être impressionnante.

Notre conseil Effectuez cette visite dès que possible après votre arrivée à Lisbonne. Ce musée vous permettra en effet d'avoir un regard plus aiguisé sur la capitale portugaise et d'appréhender **sa géographie et ses monuments**. Difficile de comprendre cette cité maritime sans connaître par exemple l'impact énorme qu'a eu le tremblement de terre sur l'architecture de la ville.

Plan p. 42-43 ⑫ G3 ON Y VA ! ☐

Terreiro do Paço, 78-81 • M Terreiro do Paço • lisboastorycentre.pt • 211 941 099 • tlj 10h-20h (dernière entrée 19h) • adulte 7 €, famille (2+2) 18 €, enfant (6-15) 3 € • audioguide gratuit

ROSSIO ET RESTAURADORES

Campé au cœur de la capitale lisboète, ce quartier vibre nuit et jour autour de la majestueuse place Dom Pedro IV. Nous vous invitons à explorer l'histoire du pays afin de découvrir pourquoi le marquis de Pombal pose avec un lion et ce que symbolise l'immense obélisque de la Praça dos Restauradores. Puis, que diriez-vous d'une petite virée à l'hôpital des poupées ou d'une escapade au parc Eduardo VII pour vous dégourdir les jambes et visiter une étonnante serre froide ?

Admirer des vagues en pierre sur la Praça Dom Pedro IV

Tous âges **La place Dom Pedro IV est la plus majestueuse du centre-ville historique. Un point central et incontournable pour partir à la visite de Lisbonne.**

Plus connue sous le nom de Rossio, la place Dom Pedro IV est sans conteste la plus majestueuse de Lisbonne. Observez son **magnifique sol** composé de petits pavés noirs et blancs rappelant le mouvement des vagues. Elle existe depuis le Moyen Âge, époque à laquelle elle accueillait foires et marchés.

Estaçao do Rossio
Le superbe édifice que vous ne manquerez pas de voir depuis la place n'est ni un palais, ni un théâtre ou un musée. Il s'agit de la gare du Rossio (construite en 1890) d'où partent les trains en direction de Sintra et de la banlieue.

Le **théâtre Dona Maria II,** les imposantes **fontaines** et la **statue de Dom Pedro IV** datent pour leur part de la période 1846-1849. Cette dernière, sculptée dans le bronze, culmine à 27,50 m de haut et représente le 28ᵉ roi de Portugal et premier empereur du Brésil. Les statues de la base du piédestal symbolisent les qualités de celui que l'on surnommait le **"roi-soldat"** : la justice, la prudence, la robustesse et la modération. Une légende affirme que la statue de Dom Pedro IV était à l'origine prévue pour **l'empereur Maximilien Ier** du Mexique, fusillé peu avant que l'œuvre d'art ne soit achevée. Elle aurait été immédiatement réutilisée au Rossio. Mais il ne s'agit que d'une rumeur infondée. Aujourd'hui, la place est un **point de rencontre populaire** et le passage obligé de quiconque visite la ville.

Plan p. 52-53 7 E5 ON Y VA !

M *Rossio*

Observer l'obélisque

du Monumento aos Restauradores

Tous âges **Cette place qui marque le début de l'Avenida da Liberdade se caractérise par un obélisque de 30 m de haut symbolisant la Restauration.**

Le monument de la Restauration est un **splendide obélisque de 30 m de haut**, situé sur la place du même nom. Inauguré le 28 avril 1886, il célèbre la **libération du Portugal** de la domination espagnole, acquise le 1er décembre 1640. Quant aux **statues de bronze** qui se dressent sur son piédestal, elles symbolisent la Victoire et la Liberté.

Les noms et dates qui figurent sur les parties latérales font référence aux **grandes batailles** de la guerre de Restauration. Ce conflit entre le Portugal et son voisin a duré 28 ans. Il s'est achevé en 1668.

Plan p. 52-53 1 D4 ON Y VA !

M *Restauradores ou Rossio*

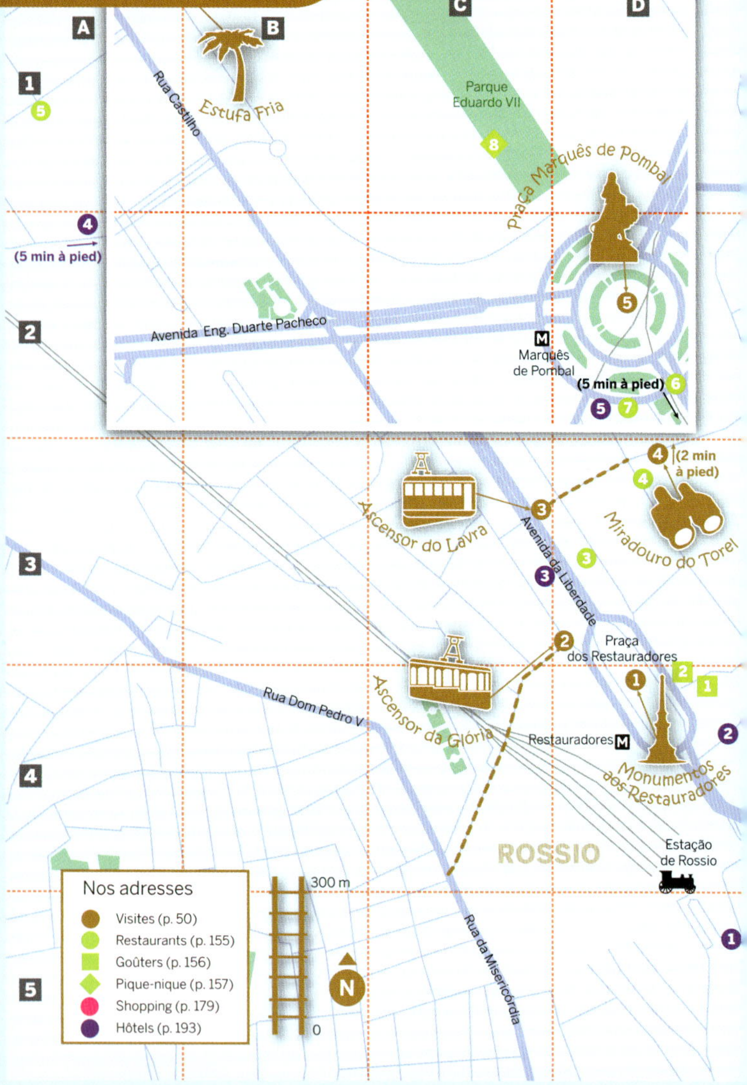
A
B
C
D
1
2
3
4
5
Rua Castilho
Estufa Fria
Parque
Eduardo VII
Praça Marquês de Pombal
(5 min à pied)
Avenida Eng. Duarte Pacheco
Marquês
de Pombal
(5 min à pied)
(2 min
à pied)
Ascensor do Lavra
Miradouro do Torel
Avenida da Liberdade
Praça
dos Restauradores
Rua Dom Pedro V
Ascensor da Glória
Restauradores
Monumentos
aos Restauradores
ROSSIO
Estação
de Rossio
Rua da Misericórdia
300 m
0
N
Nos adresses
Visites (p. 50)
Restaurants (p. 155)
Goûters (p. 156)
Pique-nique (p. 157)
Shopping (p. 179)
Hôtels (p. 193)

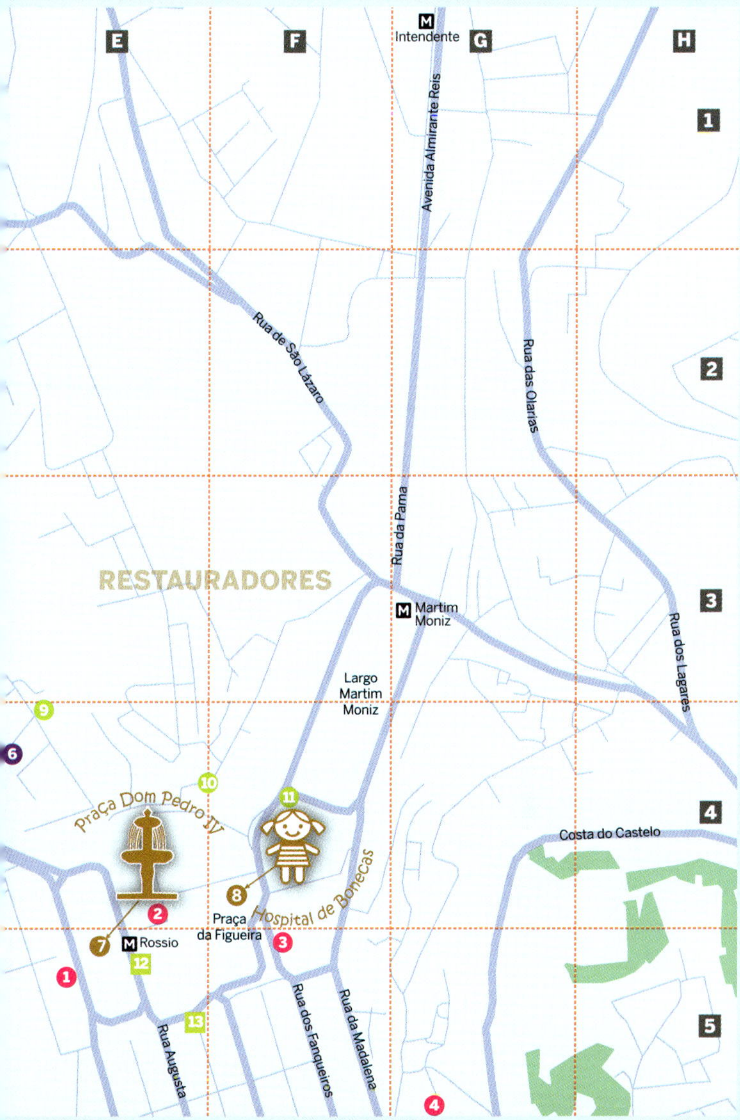

E
F
G
H
1
2
3
4
5
Intendente
Avenida Almirante Reis
Rua de São Lázaro
Rua das Olarias
Rua da Palma
RESTAURADORES
Martim Moniz
Rua dos Lagares
Largo Martim Moniz
Praça Dom Pedro IV
Costa do Castelo
Hospital de Bonecas
Praça da Figueira
Rossio
Rua Augusta
Rua dos Fanqueiros
Rua da Madalena
1
2
3
4
6
7
8
9
10
11
12
13

Saluer un marquis
sur la Praça Marquês de Pombal

Tous âges C'est sur cette immense place qui accueille une grande statue du marquis de Pombal que les grandes victoires sportives sont bruyamment célébrées.

Cette place située entre l'Avenida da Liberdade et le grand parc Eduardo VII est **l'une des plus importantes** de la capitale. Le monument qu'elle héberge en son centre est une **statue du marquis de Pombal**, rendu célèbre pour son entreprise de reconstruction de Lisbonne après le tremblement de terre de 1755 et son despotisme éclairé inspiré des Lumières. Sa **statue de bronze** trône sur un piédestal de 40 m de haut et date de 1934. Le lion à ses pieds symbolise la force, la détermination et la noblesse du marquis.

Plan p. 52-53 5 D2 ON Y VA ! ☐
M *Marquês de Pombal*

Se rafraîchir
dans l'Estufa Fria

Tous âges Située dans le parc Eduardo VI, cette serre froide est un lieu exotique, hors du temps. Un havre de fraîcheur qui fait aussi le bonheur des canards et des oies !

L'Estufa Fria est une **magnifique serre froide** datant de 1933. Elle est dénommée ainsi car elle ne renferme **aucun dispositif de chauffage**. Sur une superficie de quelque 8000 m^2, vous allez découvrir d'innombrables et **surprenantes espèces botaniques**, dans un cadre enchanteur où de **ravissantes cascades** alimentent de petits lacs.

Avouez que déambuler dans un **paradis de fraîcheur** lorsque la température dépasse allègrement les 30 °C dehors est assez tentant ! Et si vos bambins ont encore envie de se dégourdir les jambes, les **26 ha du parc Eduardo VII** sont prêts à les accueillir.

Plan p. 52-53 6 A1 ON Y VA ! ☐

Parque Eduardo VII • M Marquês de Pombal • estufafria.cm-lisboa.pt • 213 882 278 • tlj (nov-mars) 9h-17h (avril-oct) 10h-19h (sf 1er jan, 1er mai et 25 déc) • adulte 3,10 €, enfant (6-18) 2,33 €, di, j. fériés jsq 14h et Lisboa Card gratuit

Consulter le docteur des poupées

à l'Hospital de Bonecas

Tous âges **Cet insolite "hôpital" des Poupées accueille une boutique et un musée, pour le plus grand bonheur des petites filles.**

Cet endroit très populaire parmi les habitants de Lisbonne abrite une **adorable collection de poupées anciennes** ainsi qu'une boutique et un atelier de réparation. Un lieu enchanteur ouvert en 1830, sur lequel le temps semble ne pas avoir prise.

Plan p. 52-53 8 F4 ON Y VA ! ☐

Praça da Figueira, 7 • M Rossio • hospitaldebonecas.com • 213 428 574 • lu-sa 10h30-12h30, 15h30-17h • 2 €

Praça da Figueira
La place sur laquelle se trouve l'Hospital de Bonecas vaut la visite, notamment pour sa vue sur le château et sa statue équestre de João I.

Alfama est un incroyable labyrinthe de ruelles étroites qui mettra vos jambes à rude épreuve. Préparez-vous donc à faire de la grimpette et à en prendre plein les mirettes… mais l'effort en vaut la peine. À vous les églises chargées d'histoire, les belvédères à couper le souffle, un impressionnant château médiéval et de magnifiques azulejos baroques. Si l'âme de Lisbonne existe, c'est à Alfama qu'il faut la chercher !

Marcher sur un magot

dans l'Igreja de Santo António de Lisboa

Tous âges **L'église dédiée au protecteur de Lisbonne héberge la célèbre statue de saint Antoine, figure de proue de la procession du 13 juin.**

La superbe église de Saint-Antoine-de-Padoue se trouve à l'endroit où serait né le saint le plus populaire de Lisbonne. Entièrement reconstruit après le tremblement de terre de 1755 (seule la crypte a subsisté), ce **richissime sanctuaire** est d'inspiration "pombaline", du nom du **marquis de Pombal** (p. 12), grand ordonnateur de la renaissance de la capitale.

Observez avec attention le sol de la chapelle : il est recouvert **d'une multitude de pièces de monnaie**, rappelant que l'église a été en partie financée par des enfants, qui quémandaient des "petites pièces" pour saint Antoine ! Sur les murs, vous verrez également des messages de dévotion déposés par les fidèles. Selon la tradition, les jeunes Lisboètes fiancés visitent l'église le jour de leur mariage, y prient et déposent des fleurs en l'honneur de saint

De Padoue ou de Lisbonne ?

En français, saint Antoine est "de Padoue", car c'est dans cette ville italienne qu'il a terminé ses jours. La règle veut en effet que les saints soient nommés en fonction de leur lieu de décès. Mais au Portugal, on l'appelle évidemment saint Antoine de… Lisbonne.

Antoine, protecteur des jeunes mariés. En descendant vers la crypte, ne ratez pas le **panneau d'azulejos** célébrant la visite du pape Jean-Paul II en 1982.

Plan p. 58-59 2 A5 ON Y VA ! ☐

Largo de Santo António da Sé, 24 • M Terreiro do Paço, T 28 ou B 37 Sé • 218 869 145 • lu-ve 8h-19h, sa, di et j. fériés 8h-20h • gratuit

Faire la connaissance du protecteur de Lisbonne

au Museu Antoniano

À partir de 6 ans **Le musée de Saint-Antoine-de-Padoue est situé dans la maison qui l'a vu naître. Après cette visite, vous serez incollables sur l'histoire de ce saint !**

Fernando Martins de Bulhões (1195-1231) est plus connu sous le nom de **saint Antoine de Padoue**. Ce prêtre franciscain, canonisé un an après sa mort, était très populaire en Europe. Au Portugal, on l'invoquait pour retrouver des objets perdus, concevoir des enfants ou garantir un mariage heureux. Ce petit musée renferme une **collection de pièces religieuses et iconographiques** qui lui est consacrée. Un détail amusant : la légende raconte que le saint le plus aimé du pays était capable de parler avec les... poissons !

Plan p. 58-59 1 A5 ON Y VA ! ☐

Largo de Santo António da Sé, 24 • M Terreiro do Paço, T 28 ou B 37 Sé • 218 860 447 • ma-di 10h-18h (sf j. fériés) • adulte 3€, ado (13-25) 1,50€, enfant (– 13) gratuit

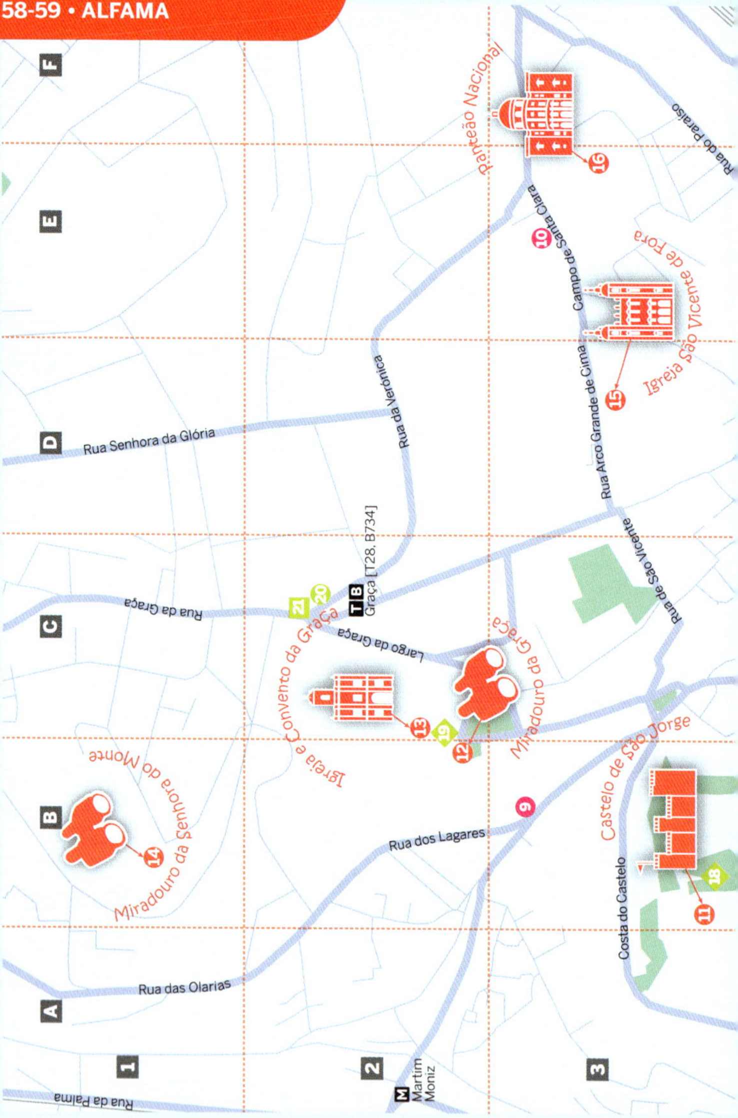
A
B
C
D
E
F
1
2
3
Rua da Palma
Martim Moniz
Rua das Olarias
Miradouro da Senhora do Monte
14
Rua dos Lagares
9
Igreja e Convento da Graça
13
19
12
Miradouro da Graça
Largo da Graça
Rua da Graça
21
20
Graça [T28, B734]
Rua Senhora da Glória
Rua da Verónica
Castelo de São Jorge
11
18
Costa do Castelo
Rua de São Vicente
Rua Arco Grande de Cima
Igreja São Vicente de Fora
15
Campo de Santa Clara
10
Panteão Nacional
16
Rua do Paraíso

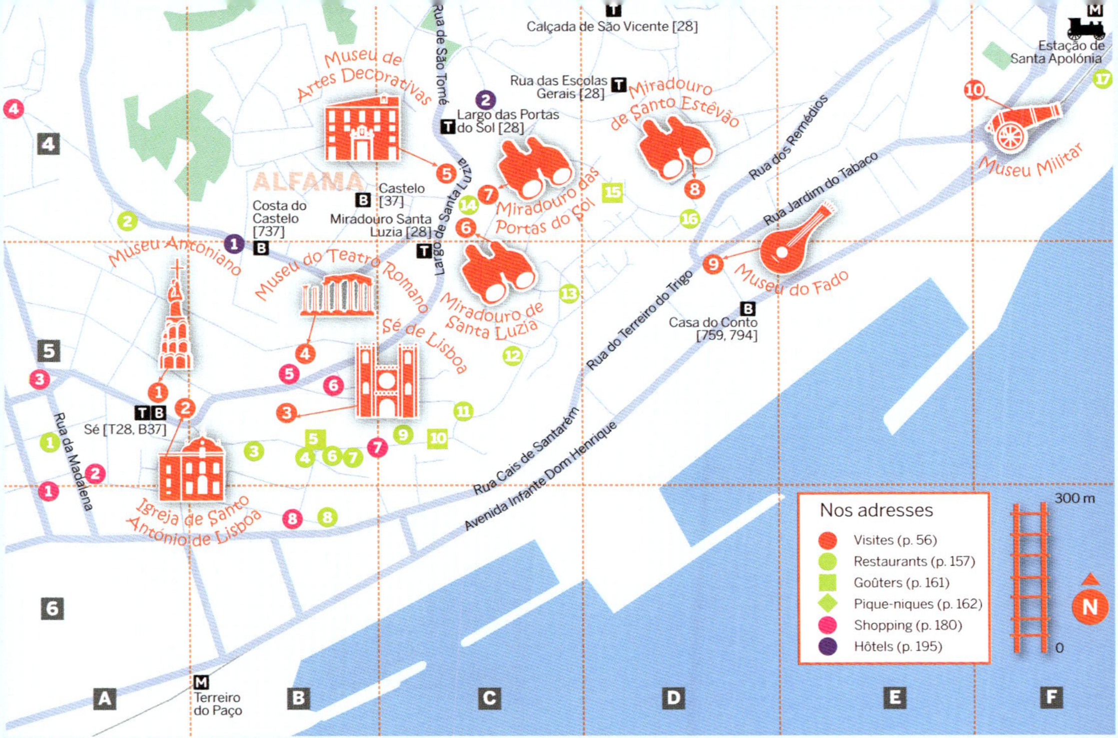

Calçada de São Vicente [28]
Estação de Santa Apolónia
Museu de Artes Decorativas
Rua de São Tomé
Rua das Escolas Gerais [28]
Miradouro de Santo Estêvão
Largo das Portas do Sol [28]
ALFAMA
Castelo [37]
Costa do Castelo [737]
Miradouro Santa Luzia [28]
Largo de Santa Luzia
Miradouro das Portas do Sol
Rua dos Remédios
Rua Jardim do Tabaco
Museu Militar
Museu Antoniano
Museu do Teatro Romano
Miradouro de Santa Luzia
Museu do Fado
Rua do Terreiro do Trigo
Casa do Conto [759, 794]
Sé de Lisboa
Sé [T28, B37]
Rua da Madalena
Rua Cais de Santarém
Avenida Infante Dom Henrique
Igreja de Santo António de Lisboa
Terreiro do Paço
Nos adresses
Visites (p. 56)
Restaurants (p. 157)
Goûters (p. 161)
Pique-niques (p. 162)
Shopping (p. 180)
Hôtels (p. 195)
300 m
0
N

Chercher le trésor
de la Sé de Lisboa

Tous âges **La vieille et sobre cathédrale de Lisbonne est un incontournable de la capitale portugaise. Pas sûr que ce soit l'avis de vos bambins !**

La cathédrale Sé est le **plus vieux monument religieux** de la capitale. Retour aux origines : en 1147, le roi Afonso Henriques délivre enfin la ville de l'occupation maure qui dure depuis 714 ! Et pour célébrer cette reconquête difficile et sanglante, le souverain décide de construire une **majestueuse église**. Dans un clin d'œil à ces quelques siècles de domination musulmane, le site de l'**ancienne mosquée** de la cité est choisi pour accueillir ce nouveau lieu saint, qui ne sera achevé que lors des premières décennies du XIIIe siècle. À l'époque, les bâtisseurs aimaient prendre leur temps !

L'**architecture romane** d'origine a évolué considérablement. Pas étonnant ! À Lisbonne, la terre a souvent tremblé et les dommages infligés à l'édifice ont entraîné de nombreuses rénovations, chacune d'entre elles respectant la tendance de l'époque. Par exemple, le **cloître** a été ajouté à la fin du XIIIe siècle, quand le **gothique** était à la mode, alors que la chapelle, entièrement reconstruite au XVIIIe siècle, épouse des **lignes néoclassiques et rococo**.

Au XXe siècle, nouvelle évolution : la cathédrale retrouve son **style médiéval actuel**. Comme bien des cathédrales portugaises de l'époque, la Sé ressemble à une forteresse, grâce notamment à ses **tours jumelles** crénelées.

En pleine reconquête de territoires occupés par les Maures, elles pouvaient se révéler très pratiques pour se protéger des ennemis.

Les plus beaux objets de la cathédrale se trouvent dans la **salle du trésor**, située à l'étage. Elle abrite notamment une collection d'argenterie, de tenues ecclésiastiques et de manuscrits sacrés, ainsi qu'un **magnifique ostensoir baroque** du XVIIIe siècle, serti de quelque **4 000 pierres précieuses**.

Plan p. 58-59 ③ B5 ONYVA ! ☐

Largo da Sé • M Terreiro do Paço, T 28 ou B 37 Sé • 218 866 752 • lu-di 9h-19h • gratuit • cloître : 10h-18h (été), 10h-17h (hiver) • cloître ou trésor adulte 2,50 €, cloître + trésor 4 €, enfant (– 11) gratuit

Faire des gammes
au Museu do Fado

Tous âges **Ce musée rend hommage au fado, ce style musical typiquement portugais. Une visite qui se réalise en musique, bien entendu !**

Il est difficile de comprendre Lisbonne sans rien connaître de cette musique empreinte de nostalgie qu'est le fado, un art qui symbolise si bien la *saudade* (sorte de spleen baudelairien à la sauce lusitanienne). Ce musée est un passionnant **espace interactif**, parfaitement adapté pour susciter la curiosité des plus petits. Les artistes en herbe adoreront également la **magnifique collection d'instruments** qui y est exposée.

Plan p. 58-59 9 D5 ONYVA !

Museu do Fado • Largo do Chafariz de Dentro, 1 • M Santa Apolónia • museudofado.pt • 218 823 470 • ma-di 10h-18h, (sf j. fériés) • adulte 5 €, ado (13-25) 2,50 €, enfant (– 13) gratuit, Lisboa Card 3,50 €

Se prendre pour un Romain

au Museu do Teatro Romano

À partir de 4 ans Ce site archéologique va vous permettre de remonter aux origines romaines de Lisbonne. Avé !

C'est au IIIe siècle av. J.-C. que **Lisbonne s'est romanisée**, après avoir noué une alliance avec la cité italienne dont l'empire régnait alors sur l'Europe. Sous l'effet de cette domination acceptée, durant laquelle l'actuelle capitale portugaise était **l'une des principales villes de la péninsule Ibérique**, Lisbonne a bénéficié de nombreuses constructions, dont ce **théâtre romain** devenu musée.

Bâti à l'époque de l'**empereur Auguste**, le théâtre était situé sur le versant sud de la colline du château et constituait l'un des édifices les plus importants d'**Olisipo**, le nom romain donné à la ville. Laissé à l'abandon au IVe siècle, il est demeuré enseveli jusqu'à 1798, année où ses ruines furent découvertes dans le cadre de la reconstruction imposée par le tremblement de terre de 1755. Les fouilles menées depuis 1967 ont permis de mettre au jour **une partie des gradins**, de l'orchestre et de la scène, ainsi que de nombreux éléments décoratifs, exposés dans le musée. Les **ruines du théâtre** sont visibles depuis la rue.

Plan p. 58-59 4 B5 ON Y VA ! ☐

Pátio do Aljube, 5 • M Terreiro do Paço, T 28 ou B 37 Sé • 218 820 320 • ma-di 10h-18h (sf j. fériés) • adulte 3 €, ado (13-25) 1,50 €, enfant (– 13) gratuit

Plonger dans l'ambiance du XVIIIe siècle

au Museu de Artes Decorativas

À partir de 4 ans **Le musée des Arts décoratifs est situé dans une riche demeure aristocratique du XVIIIe siècle où le temps semble s'être arrêté par magie.**

Situé dans un **ancien petit palais,** le musée des Arts décoratifs fait revivre les fastes du XVIIIe siècle grâce à une **jolie collection d'objets typiquement portugais**. Mobilier, tableaux de maître, porcelaines, azulejos et orfèvrerie sont ici à l'honneur et offrent l'occasion de se prendre pour un riche aristocrate portugais le temps d'une visite ! On trouve aussi un **atelier de restauration**.

Notre conseil Après ou avant la visite, ne manquez pas de vous rendre au **Miradouro das Portas do Sol**, situé juste en face (p. 37). Depuis ce belvédère, vous profiterez d'une **vue à couper le souffle** sur Alfama et le fleuve qui vaut à elle seule le déplacement.

Plan p. 58-59 5 C4 ON Y VA ! ☐

Largo das Portas do Sol, 2 • T 28 Largo das Portas do Sol • fress.pt • 218 814 600 • me-lu 10h-17h (sf j. fériés) • adulte 4 €, ado (14-25) 2 €, enfant (– 14) gratuit, Lisboa Card 3,20 €

Partir à l'assaut
du Castelo de São Jorge

Tous âges Construit sur la colline la plus haute de la capitale, pour mieux la protéger, le château Saint-George est le plus beau belvédère de Lisbonne.

1er roi du Portugal
Dom Afonso Henriques (1109-1185) a été le premier souverain du Portugal. D'abord comte du Portugal, une simple région du nord du pays qu'il a libérée du joug du royaume de Castille, il s'est ensuite autoproclamé roi en 1139 devant son armée, totalement acquise à sa cause. Il a également, avec les soldats croisés, repris Lisbonne aux Maures.

Les premières constructions défensives remontent au IIe siècle av. J.-C., lorsque la cité était sous domination romaine. Les nouvelles fortifications ont vu le jour pendant l'**occupation des Maures**, au XIe siècle. Lorsque Dom Afonso Henriques reprit Lisbonne, le château médiéval fut rebaptisé en hommage à **saint Georges**, soldat romain du IVe siècle, martyr chrétien et saint patron de la chevalerie et des croisades. Le château résista aux tentatives de reconquête des armées musulmanes.

C'est au Moyen Âge que le château a connu son apogée. Au XIIIe siècle, alors que Lisbonne est nommée capitale officielle du Portugal (1255), il devient le **palais royal** *(paço real)*. Il héberge, outre le roi et la reine, les membres de la cour ainsi que les évêques, et renferme une **caserne** en son sein. On y organise alors de nombreuses fêtes, notamment la réception de **Vasco da Gama**, après son retour d'Inde et la découverte de sa nouvelle route maritime.

Mais, dès le XVIe siècle, le palais royal est transféré au Terreiro do Paço, plus connu sous le nom de **Praça do Comércio**. Peu à peu, sous l'effet des tremblements de terre successifs qui frappent Lisbonne et de l'utilisation qui est faite de la forteresse (prison, caserne), celui-ci se dégrade et périclite. Jusqu'à ce que son accès soit interdit aux habitants, au début du XXe siècle. Inscrit au **patrimoine historique** en 1910, le monument a bénéficié d'importants travaux de rénovation dans les années 1940 et 1990, qui lui ont permis de retrouver ses allures médiévales et de rouvrir au public.

Aujourd'hui, il ne reste pas grand-chose du château, à part ses murailles, son chemin de ronde et ses **11 tours** dont le **donjon**, principal édifice défensif. On trouve aussi un intéressant **site archéologique**, témoignage des périodes de l'âge de fer, de l'occupation maure et du palais royal, ainsi qu'une galerie présentant des objets et azulejos. Mais tout le charme de cette vieille forteresse réside dans les **panoramas exceptionnels** qu'elle offre sur la ville.

Activité enfants Dans la **tour d'Ulysse** se trouve une attraction qui va amuser les enfants : une **chambre noire** où sont projetées des images de Lisbonne à 360°. Cet instrument d'optique formé de lentilles et de miroirs, imaginé par Léonard de Vinci, permet d'observer minutieusement la ville en temps réel.

Notre conseil Si la grimpette jusqu'au château vous rebute, prenez le bus 737, dont le terminus

se situe aux portes du monument. Montez à l'arrêt Praça da Figueira (autre extrémité de la ligne), car ce bus est souvent bondé.

Plan p. 58-59 ⓫ B3 ON Y VA ! ☐

Rua de Santa Cruz • B 37 Castelo, T 28 Largo das Portas do Sol • castelodesaojorge.pt • 218 800 620 • (nov-fév) tlj 9h-18h (mars-oct) tlj 9h-21h, chambre noire 10h-17h • adulte 10 €, ado (13-25) 5 €, enfant (–13) gratuit

Admirer Lisbonne d'en haut

à l'Igreja e Convento da Graça

Tous âges **Cette église et cet ancien couvent valent principalement la visite pour leur magnifique emplacement et la vue panoramique offerte sur la ville.**

Édifiés au XIIIe siècle, reconstruits au XVIe siècle et rénovés après le tremblement de terre de 1755, **l'église et le couvent de Graça** sont désormais de **style baroque tardif**, même si subsistent des traces maniéristes dans le cloître et si la chapelle manuéline de la fin du XVe siècle a été préservée.

À l'intérieur, admirez les **azulejos**, les boiseries dorées des autels et les **peintures allégoriques** du plafond. Dans le jardin ombragé, un kiosque vous permettra de vous rafraîchir tout en jouissant de **l'une des plus belles vues** de Lisbonne. Profitez des quelques bancs pour en prendre plein les yeux depuis ce **belvédère exceptionnel** surplombant la capitale.

Plan p. 58-59 13 C2 ONYVA !

Largo da Graça • T 28 Graça • 218 873 943 • ma-ve 9h-17h, sa 9h30-12h30, 14h30-18h, di 9h30-12h30, 17h-20h • gratuit

Réviser les fables de La Fontaine

à l'Igreja São Vicente de Fora

Tous âges Cette église datant du XVIe siècle abrite le plus grand orgue de Lisbonne et des panneaux d'azulejos représentant des fables de Jean de La Fontaine.

L'édifice actuel, consacré à **saint Vincent de Saragosse**, a été bâti entre 1582 et 1627, sur le site d'un monastère déjà dédié au saint patron historique de Lisbonne et datant de 1147. C'est le roi Afonso Henriques qui a décidé de la faire construire, pour célébrer la victoire contre les Maures et la reconquête de Lisbonne.

Ce monument maniériste doté de deux tours jumelles – à l'instar de la cathédrale de Sé – se distingue par son **baldaquin baroque**, son **magnifique orgue** du XVIIIe siècle et son **transept aux six pilastres**. Le monastère-musée renferme quant à lui une citerne du XVIe siècle et une **superbe collection d'azulejos baroques**, illustrant notamment le siège de Lisbonne et certaines fables de La Fontaine. Saurez-vous les reconnaître ?

Pourquoi "de Fora" ?

En Portugais, *de fora* signifie "en dehors". L'église a été ainsi nommée car, à l'origine, elle se trouvait à l'extérieur de l'enceinte fortifiée protégeant la ville.

Plan p. 58-59 15 D3 ONYVA !

Largo de São Vicente • T 28 Calçada de São Vicente • 218 824 400 • ma-di 10h-18h (sf j. fériés) • gratuit (église), 5 € (monastère)

Voir des cénotaphes
au Panteão Nacional

À partir de 6 ans **Le Panthéon accueille les tombeaux des plus grands noms de l'histoire du Portugal et offre une superbe vue panoramique sur le Tage.**

Le **panthéon national** se trouve dans une ancienne église (Santa Engrácia), dont la première pierre a été posée en 1682 et la dernière en... 1966, soit 284 ans plus tard ! Ce phénomène peu commun a donné naissance à l'expression **"obras de Santa Engrácia"** ("travaux de Santa Engrácia"), qualifiant un chantier qui n'en finit pas.

Ce **splendide monument baroque** couronné d'une **magnifique coupole** est devenu panthéon national en 1916. Il accueille les **cénotaphes** (tombeaux sans corps) des grandes figures de l'histoire du Portugal : hommes politiques, écrivains, mais aussi une chanteuse de fado et un footballeur, puisque les tombeaux d'**Amália Rodrigues** (p. 124) et d'**Eusébio** y ont été transférés.

La malédiction de Santa Engrácia

La légende populaire a une explication toute trouvée pour les travaux sans fin de l'église. Un jeune homme, injustement condamné au bûcher, aurait proféré la malédiction suivante avant d'être exécuté : "Il est aussi sûr que je suis innocent que les travaux de Santa Engrácia ne s'achèveront jamais !"

Notre conseil Ne manquez pas la terrasse supérieure, accessible par un ascenseur, qui surplombe la ville à **40 m de haut** et offre un point de **vue unique sur le Tage**.

Plan p. 58-59 16 E3 ON Y VA !

Campo de Santa Clara • T 28 Calçada de São Vicente • panteaonacional.pt • 218 854 820 • (oct-mars) ma-di 10h-17h, (avril-sept) ma-di 10h-18h (sf 1er jan, di de Pâques, 1er mai, 13 juin, 24 et 25 déc) • adulte 4 €, enfant (– 12) gratuit

Jouer au petit soldat

au Museu Militar

À partir de 4 ans Le Musée militaire expose une riche collection d'armes et d'équipements militaires, pour le plaisir des petits et des grands enfants.

Le site qui accueille le **Musée militaire de Lisbonne**, le plus important du pays, était autrefois le siège de l'**arsenal royal** de l'armée au XVe siècle. Il avait pour mission de fabriquer de la poudre, de couler des munitions et de stocker du matériel de guerre.

Aujourd'hui, les lieux hébergent une **grande collection d'armes anciennes**, d'uniformes et de documents militaires d'époque. Ne ratez pas la **salle Vasco da Gama,** ses vieux canons et les panneaux muraux représentant la découverte de la route maritime de l'Inde. À la fin de la visite, vous serez incollables sur l'évolution des armes au Portugal, des silex préhistoriques aux fusils plus modernes. Garde à vous !

Plan p. 58-59 ⑩ **F4** ON Y VA ! ☐

Largo do Museu da Artilharia • Ⓜ Santa Apolónia • www.geira.pt/mmilitar • 218 842 569 • ma-di 10h-17h (sf j. fériés) • adulte 3 €, ado (7-17) 1 €, enfant (–7) gratuit

BAIRRO ALTO

Haut lieu de la vie nocturne lisboète, avec son dédale de ruelles peuplées d'innombrables bars et restaurants, le Bairro Alto est particulièrement apprécié des noctambules de la capitale. Il n'en renferme pas moins quelques pépites à visiter dans la journée. Comme le méconnu couvent de Cardais ou l'étonnant réservoir souterrain du Príncipe Real. À proximité du Bairro Alto, découvrez sans tarder la basilique d'Estrela et son superbe jardin.

Découvrir une immense crèche

dans la Basílica da Estrela

À partir de 4 ans **Dans la basilique d'Estrela se trouve une incroyable crèche de 500 pièces. Prêts à les compter ?**

Au XVIIIe siècle, la reine Maria Ire et le roi Pedro III firent la promesse de construire une église si, de leur union, naissait un fils qui hériterait de leur trône. Et c'est ainsi qu'est née, en plus d'un bambin de sexe masculin, la superbe basilique d'Estrela. Achevée en 1790, cette basilique de **style baroque portugais**, se caractérise par ses **tours jumelles**, son **dôme majestueux** et sa façade ornée de nombreuses statues allégoriques.

À l'intérieur de cet **ancien couvent de sœurs carmélites**, où la sobriété du marbre rose, gris et jaune prédomine, vous découvrirez le magnifique **tombeau de la reine Maria Ire**, unique souverain portugais dont la sépulture ne se trouve pas au Panthéon national. Juste à côté, dans une pièce à part, ne ratez pas la **superbe crèche** composée de 500 pièces de liège et de terre cuite datant du XIIIe siècle.

Carmélites, quèsaco ?

Les Carmélites sont les membres féminins de l'Ordre du Carmel, fondé sur le mont du même nom en Palestine, un ordre religieux jouissant d'une grande importance au sein de l'Église catholique. Les frères sont quant à eux appelés les Carmes.

Notre conseil On peut accéder au dôme de la basilique par la tour ouest, d'où l'on jouit d'une superbe vue sur la ville, mais attention la montée est éprouvante.

Plan p. 72-73 1 A3 ONYVA !

Largo da Estrela • T 28 ou B 713, 773, 774 Estrela (Basílica) • tlj 8h30-20h • gratuit • belvédère du dôme de la basilique 8h30-12h, 13h-18h • 4 €

Dire bonjour aux canards
du Jardim da Estrela

Tous âges Situé face à la basilique, ce parc est incontestablement l'un des plus beaux de Lisbonne. Les canards et les cygnes ne s'y sont pas trompés !

Inauguré en 1852, le jardin d'Estrela est une **oasis de fraîcheur** de 4,6 ha. Cet espace vert, enchanteur et très familial, se compose de petits lacs où batifolent canards et cygnes. Avec son relief un peu escarpé, sa grotte, son **banian géant** qui semble tout droit sorti d'un roman de Jules Verne, ses jolies statues, son aire de jeux et son **magnifique kiosque à musique** en fer, ce jardin est l'un des rendez-vous préférés des familles lisboètes à la recherche de calme. Des **événements culturels et artistiques** y sont fréquemment organisés le week-end.

Quant aux **amateurs de la flore**, ils ne seront pas déçus par les massifs de roses, les palmiers, les énormes pins, les dragonniers ou les cèdres du Liban. Notre coup de cœur va aux **jacarandas**, éblouissants lorsqu'ils sont en fleur, entre le printemps et le début de l'été.

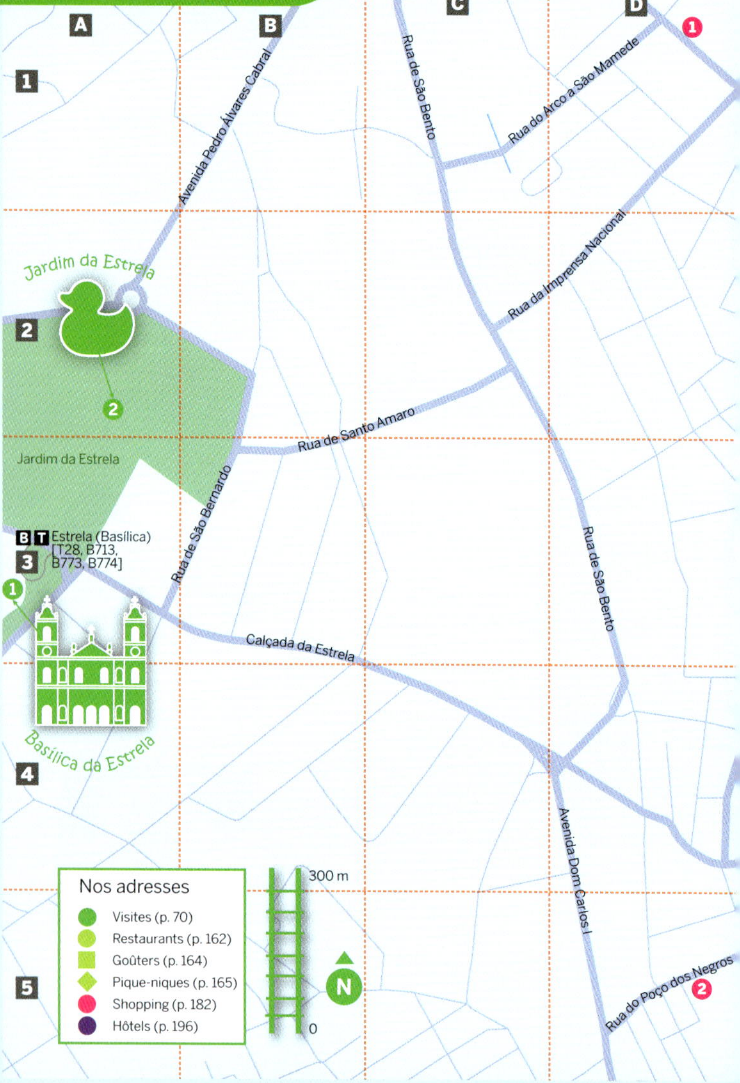
A
B
C
D
1
2
3
4
5
Avenida Pedro Álvares Cabral
Rua de São Bento
Rua do Arco a São Mamede
Rua da Imprensa Nacional
Jardim da Estrela
Rua de Santo Amaro
Jardim da Estrela
Rua de São Bernardo
B T Estrela (Basílica) [T28, B713, B773, B774]
Calçada da Estrela
Rua de São Bento
Basílica da Estrela
Avenida Dom Carlos I
Rua do Poço dos Negros
Nos adresses
Visites (p. 70)
Restaurants (p. 162)
Goûters (p. 164)
Pique-niques (p. 165)
Shopping (p. 182)
Hôtels (p. 196)
300 m
0
N

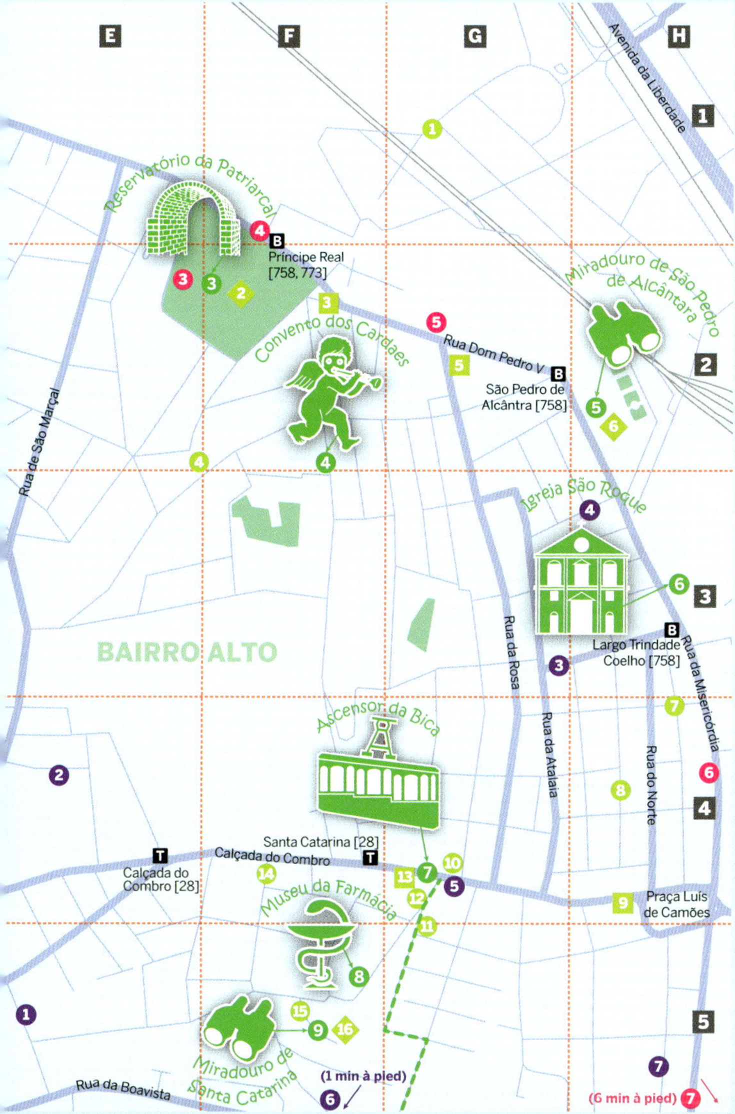

E
F
G
H
1
2
3
4
5
Avenida da Liberdade
Reservatório da Patriarcal
Príncipe Real [758, 773]
Convento dos Cardaes
Rua Dom Pedro V
São Pedro de Alcântra [758]
Miradouro de São Pedro de Alcântara
Rua de São Marçal
Igreja São Roque
BAIRRO ALTO
Rua da Rosa
Largo Trindade Coelho [758]
Rua da Misericórdia
Rua da Atalaia
Rua do Norte
Ascensor da Bica
Santa Catarina [28]
Calçada do Combro
Calçada do Combro [28]
Museu da Farmácia
Praça Luís de Camões
Miradouro de Santa Catarina
Rua da Boavista
(1 min à pied)
(6 min à pied)

Notre conseil Profitez de la terrasse du café ou des vastes pelouses pour prendre un goûter.

Plan p. 72-73 2 A2 ON Y VA !

Largo da Estrela • T 28 ou B 713, 773, 774 Estrela (Basílica) • tlj 7h-0h • gratuit

Descendre dans les entrailles de la ville

au Reservatório da Patriarcal

Tous âges **Que diriez-vous de descendre sous terre pour découvrir un réservoir d'eau souterrain ? Une visite à la fois rafraîchissante et originale.**

Quand on se promène dans les ruelles étroites du Bairro Alto ou que l'on flâne dans le ravissant petit jardin du Príncipe Real, il est difficile d'imaginer qu'un **monde souterrain**, fait d'immenses galeries et d'une **gigantesque citerne**, se trouve sous ses pieds.

Construite entre 1860 et 1864 et conçue par l'ingénieur français Louis-Charles Mary (cocorico !), la citerne alimentait en eau la partie basse de la ville et ses quartiers occidentaux. Le Reservatório da Patriarcal était hors service depuis 1949. Il a fallu attendre les années 1990 pour que s'achève sa restauration et qu'il ouvre au public.

Le parcours s'étend sur une **galerie longue de 410 m**, qui débouche sur le magnifique Miradouro de São Pedro de Alcântara (p. 39). L'accès se fait par un escalier situé dans le jardin du Príncipe Real.

Une énorme citerne souterraine

Cette citerne de forme octogonale affiche des mesures impressionnantes : capacité de 880 m^3, hauteur de 67 m, 31 colonnes de 9,25 m. Si le temps est humide, pensez à vous couvrir, les lieux peuvent être frais.

Notre conseil Prenez le temps de découvrir le jardin du Príncipe Real, ses deux kiosques, son marché bio (le samedi) et son célèbre cyprès centenaire de 20 m de diamètre.

Plan p. 72-73 3 F2 ON Y VA ! ☐

Praça do Príncipe Real • M Rato ou Baixa-Chiado, B 758, 773 Príncipe Real • 218 100 125 • sa 10h-17h30 (sf j. fériés) • 1 €

Admirer les azulejos
du Convento dos Cardaes

À partir de 6 ans **Cet ancien couvent carmélite peu connu, même des Lisboètes, abrite une magnifique collection d'azulejos.**

Édifié entre 1681 et 1703, le couvent des Cardaes est composé d'une église, de deux cloîtres, d'un réfectoire et de quelques dépendances, qui hébergeaient des **sœurs carmélites** avant l'interdiction des ordres religieux au Portugal. Dans l'église, se trouvent de nombreuses peintures et de **magnifiques panneaux d'azulejos** retraçant la vie de sainte Thérèse d'Avila, réformatrice de l'ordre du Carmel au XVIe siècle.

Les **azulejos**, datant pour la plupart du XVIIIe siècle, sont l'une des caractéristiques les plus marquantes du couvent. On en retrouve dans le **réfectoire** et dans le **cloître principal** qui donne sur le jardin et accueille de nombreuses sépultures. Une **visite hors des sentiers battus** qui ravira les amateurs de panneaux d'azulejos et tous les petits artistes en herbe curieux de faire des découvertes esthétiques !

Notre conseil Le couvent organise fréquemment des dîners-spectacle de fado en été.

Plan p. 72-73 4 F2 ONYVA !

Rua de O Século • M Baixa-Chiado, B 758 São Pedro de Alcântara, 773 Rua da Palmeira • conventodoscardaes.com • 213 427 525 • lu-sa 14h30-17h30 • 5€

Contempler la chapelle de l'Igreja São Roque

Tous âges **Cette église baroque est considérée comme l'une des plus riches du pays. Ne vous fiez pas à sa sobre façade, entrez et admirez !**

Cette superbe église consacrée à **saint Roch,** patron des pestiférés, date de la fin du XVIe siècle. L'endroit où elle se situe était à l'époque en dehors des murailles de la ville. Son emplacement avait été choisi pour implanter un cimetière où étaient enterrées les victimes de la peste. C'est l'un des **rares édifices religieux** de cette époque à avoir en partie résisté au tremblement de terre de 1755.

Le clou de la visite est sans conteste la **chapelle de São João de Batista**, la quatrième sur le côté gauche. C'est une **véritable œuvre d'art**, unique en son genre. Pierres précieuses, or, marbres... Oubliez le vœu de pauvreté des jésuites, il ne s'applique pas à cette église ! La résidence qui accueillait les prêtres a été transformée en **musée d'Art religieux**, qui abrite une belle collection d'art sacré.

De Rome à Lisbonne

La chapelle São João de Batista, édifiée entre 1742 et 1747 et bénie par le pape Benoît XIV a été construite... à Rome, avant d'être démontée et transportée par bateau jusqu'à Lisbonne ! Sa qualité artistique est remarquable.

Plan p. 72-73 6 H3 ON Y VA ! ☐

Largo Trindade Coelho • M Baixa-Chiado, B 758 Largo Trindade Coelho • www.museu-saoroque.com • 213 460 361 • lu 14h-19h, ma-me 10h-19h, je 10h-20h, ve-di 10h-19h (avril-sept), lu 14h-18h, ma-di 10h-18h (oct-mars) • fermé 1er jan, di de Pâques, 1er mai et 25 déc • accès gratuit à l'église, musée 2,50 €, Lisboa Card 1 €, enfant (– 14) gratuit

Préparer une potion
au Museu da Farmácia

Tous âges **Ce musée de la Pharmacie expose des objets issus des médecines égyptienne, romaine et asiatique ainsi que des reconstitutions de pharmacies anciennes.**

Ce superbe palais du XIXe siècle renferme des **reconstitutions d'officines anciennes**, datant notamment du XVIIIe siècle, et un **atelier de confection de médicaments** et une multitude de petits objets très bien mis en valeur, permettant de retracer l'**histoire de la médecine et de la pharmacie** depuis l'antiquité égyptienne jusqu'au XIXe siècle.

Notre conseil Le **belvédère de Santa Catarina** et son panorama sur le Tage sont juste en face !

Plan p. 72-73 8 F5 ON Y VA ! ☐

Rua Marechal Saldanha, 1 • M Baixa-Chiado, T 28 Santa Catarina • www.museudafarmacia.pt • 213 400 680 • tlj 10h-19h (sj. fériés) • adulte 5 €, famille (2 + 2) 14 €, enfant (– 2) gratuit

BELÉM

Un monumental monastère, une merveille architecturale épousant la forme d'une tour, une superbe collection d'art moderne, un exubérant jardin tropical, un passionnant musée des carrosses... Ces visites sont pour la plupart très proches les unes des autres, ce qui les rend très agréables à faire en famille. Pour vous y rendre, rien de plus simple : le tramway 15 vous y conduira directement. Et pour les gourmands, sachez que c'est ici que l'on trouve le meilleur *pastel de nata* de Lisbonne, miam !

Faire le guet
à la Torre de Belém

Tous âges **La tour de Belém est une petite merveille architecturale. Elle servait en son temps à surveiller les bateaux entrant dans le Tage et à leur asséner quelques coups de canon si nécessaire.**

Située sur la rive droite du Tage, la tour de Belém est inscrite au **patrimoine mondial de l'Unesco** depuis 1983. Édifié entre 1514 et 1520, il est aujourd'hui l'un des monuments les plus emblématiques de Lisbonne. Ce **petit bijou manuélin**, digne de figurer dans un film de Walt Disney, était autrefois situé sur un îlot, bien plus éloigné de la berge qu'aujourd'hui. Mais la plage a peu à peu gagné du terrain sur le fleuve et, de nos jours, une simple et courte passerelle permet d'y accéder.

À la fin du XVe siècle, le Portugal est une puissance navale de premier plan, qui s'enrichit à vue d'œil grâce à **Vasco da Gama** et **Pedro Álvares Cabral**, respectivement découvreurs des routes maritimes des Indes et du Brésil. Le **roi Manuel Ier** profite alors de cette opulence pour édifier de nombreux monuments, dont la tour de Belém, destinée à défendre un point de passage privilégié des armées ennemies.

En matière architecturale, cette **tour de 35 m de haut** est caractéristique de l'art manuélin, notamment grâce à sa **sphère armillaire** (le symbole du monarque), la croix de l'Ordre du Christ, auquel il appartenait, et les croisées d'ogives, typiques de l'architecture gothique. S'y mêlent de riches éléments de décorations mauresques et orientaux, ainsi que des marques naturalistes, comme cette **curieuse représentation de rhinocéros**, allusion à l'animal sauvage offert au pape Léon X par Manuel Ier en 1513. Deux parties peuvent être distinguées : une **tour de cinq étages** (avec la terrasse) et un **bastion hexagonal**, l'un des premiers du pays. Deux niveaux de positions de tir permettaient d'accueillir **17 canons** de gros calibres.

Notre conseil La tour de Belém est un monument de taille modeste et au plus fort de la saison touristique, l'intérieur ressemble au métro parisien aux heures de pointe. Si la jolie vue sur le Tage offerte par la terrasse n'est pas votre priorité, mieux vaut vous contenter de la contempler de l'extérieur.

Plan p. 80-81 ❶ A5 ONYVA !

Avenida Brasília • T 15 Mosteiro dos Jerónimos • www.torrebelem.pt • 213 620 034 • ma-di 10h-17h 30 (oct-avril), 10h-18h30 (mai-sept), fermé 1er jan, di de Pâques, 1er mai, 13 juin et 25 déc • adulte 6 € (Mosteiro dos Jerónimos + Torre de Belém 12 €), enfant (– 12) gratuit, famille (2 + 2) – 50 %

Jésus serait né à Belém !

Non, il ne s'agit pas d'une révélation historico-religieuse d'envergure. En portugais, Belém signifie tout simplement Bethléem (Cisjordanie), lieu de naissance supposé du Christ... un certain 25 décembre.

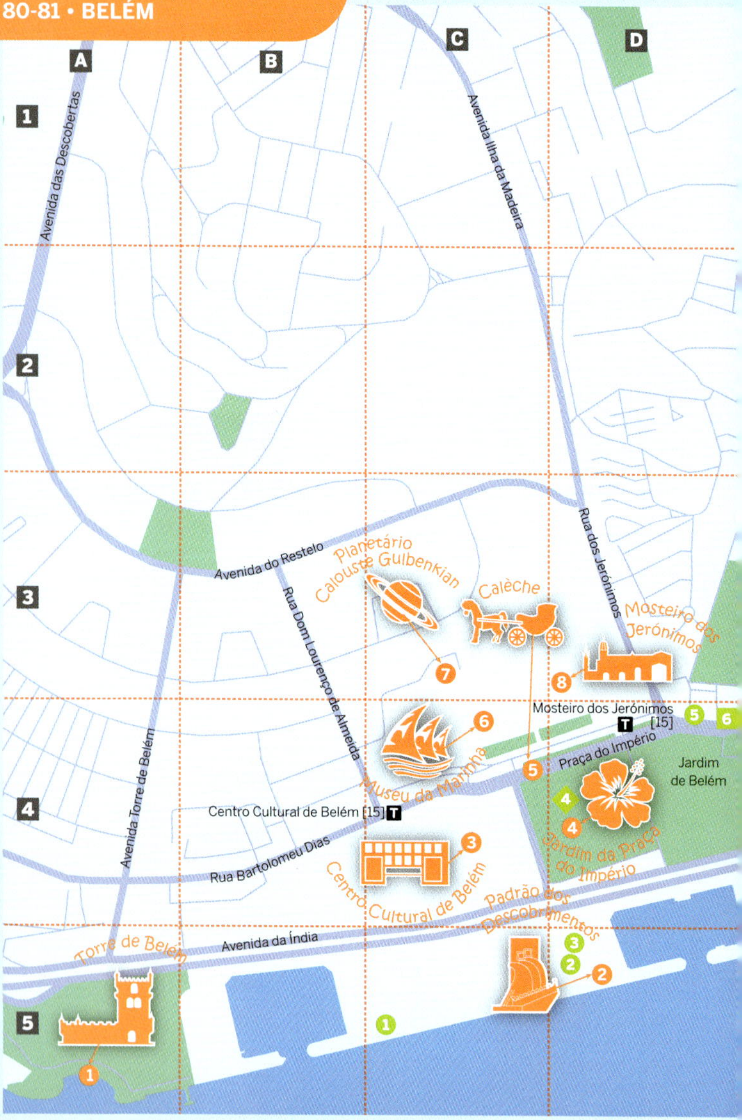
A
B
C
D
1
2
3
4
5
Avenida das Descobertas
Avenida Ilha da Madeira
Avenida do Restelo
Rua Dom Lourenço de Almeida
Rua dos Jerónimos
Planetário Calouste Gulbenkian
Calèche
Mosteiro dos Jerónimos
7
8
Mosteiro dos Jerónimos [15]
T
5
6
6
Praça do Império
5
Jardim de Belém
Museu da Marinha
Avenida Torre de Belém
Centro Cultural de Belém [15]
T
4
4
3
Rua Bartolomeu Dias
Jardim da Praça do Império
Centro Cultural de Belém
Padrão dos Descobrimentos
Avenida da Índia
Torre de Belém
3
2
2
1
1

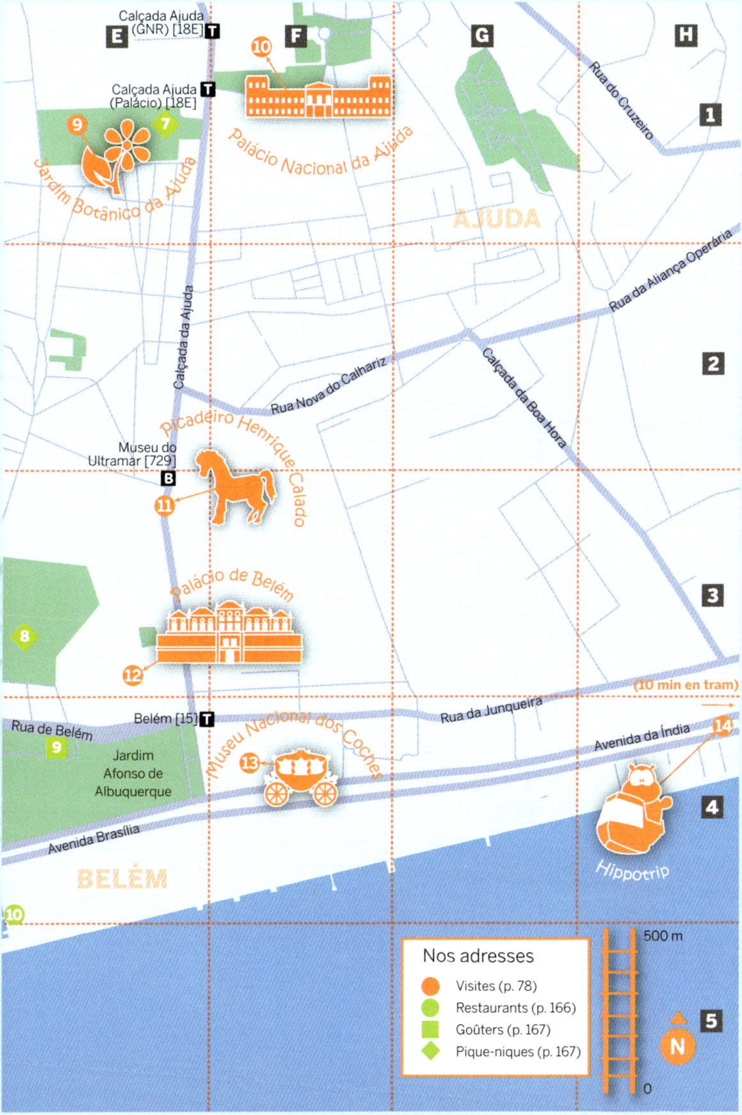

E
F
G
H
1
2
3
4
5
Calçada Ajuda (GNR) [18E]
Calçada Ajuda (Palácio) [18E]
Palácio Nacional da Ajuda
Jardim Botânico da Ajuda
Rua do Cruzeiro
AJUDA
Rua da Aliança Operária
Calçada da Ajuda
Rua Nova do Calhariz
Calçada da Boa Hora
Picadeiro Henrique Calado
Museu do Ultramar [729]
Palácio de Belém
(10 min en tram)
Belém [15]
Rua da Junqueira
Rua de Belém
Jardim Afonso de Albuquerque
Museu Nacional dos Coches
Avenida da Índia
Avenida Brasília
BELÉM
Hippotrip
500 m
0
N
Nos adresses
Visites (p. 78)
Restaurants (p. 166)
Goûters (p. 167)
Pique-niques (p. 167)

Rencontre de grands aventuriers

au Padrão dos Descobrimentos

Tous âges **Cet imposant monument qui rend hommage aux conquêtes maritimes portugaises offre, du haut de ses 52 m, un magnifique panorama sur le Tage.**

C'est en 1940 qu'a été construit le premier **"monument aux découvertes"**. D'abord bâti en matériaux périssables à l'occasion d'une exposition consacrée au Portugal, l'édifice, qui pointe aujourd'hui fièrement sa proue vers le Tage, est une **réplique de la version initiale en béton et pierre de taille** inaugurée en 1960. Au départ, il ne devait rendre hommage qu'au seul **Dom Henrique** (Henri le Navigateur), avant d'être finalement dédié aux grandes découvertes maritimes du Portugal. Les **32 statues** qui ornent l'édifice retracent l'histoire des conquêtes maritimes portugaises. Sur la proue de cette représentation de caravelle de **52 m de haut** trône fort logiquement **Henri le Navigateur**.

Derrière lui suivent dans l'ordre : le roi Afonso V, Vasco da Gama (qui a découvert la route maritime des Indes), Afonso Gonçalves Baldaia (un grand navigateur), Pedro Álvares Cabral (découverte du Brésil) et Fernão de Magalhães (premier tour du monde), suivis de nombreux marins, missionnaires et cartographes.

Notre conseil À l'intérieur, un ascenseur permet d'accéder à un **belvédère**, dont la vue sur le fleuve est à couper le souffle.

Jouez sur la rose des vents !

À l'extérieur du monument, sur le sol, cherchez la gigantesque rose des vents. Vous n'aurez pas de difficulté à la repérer, elle mesure 50 m de diamètre ! Amusez-vous à retrouver sur le planisphère central une sirène, un poisson fantastique et le dieu romain de la Mer, Neptune.

Plan p. 80-81 2 D5 ON Y VA !

Avenida Brasília • T 15 Mosteiro dos Jerónimos • tlj 10h-19h (mars-sept), ma-di 10h-18h (oct-fév), fermé 1er jan, 1er mai et 25 déc • adulte 6 €, jeune (13-25) 3 € enfant (– 12) gratuit

Prendre un bain de culture
au Centro Cultural de Belém

À partir de 4 ans Ce magnifique bâtiment moderne accueille des expositions temporaires et une très riche collection d'art moderne qui valent le détour.

Voisin du monumental monastère des Hiéronymites, le Centre culturel de Belém (CCB) est un **imposant édifice moderne** en calcaire brut. Conçu à l'origine pour accueillir la présidence portugaise de l'Union européenne, il date de 1992.

Son intérieur est composé de quelques **boutiques, d'un café, de salles de spectacle** et du **musée Berardo**, qui expose la superbe collection d'art moderne du milliardaire portugais José Berardo. Soit quelque **800 œuvres surréalistes**, abstraites, minimalistes, pop art ou cubiques.

Parmi les tableaux présentés, de **Man Ray**, **Salvador Dalí**, **Andy Warhol**, **Arshile Gorky** ou **Picasso**, ne ratez pas la toile *Femme dans un fauteuil* (Picasso, 1929), estimé à **10 millions d'euros**. Des expos temporaires viennent compléter cette magnifique collection. Une viste culturelle qui intéressera jusqu'aux plus petits.

Plan p. 80-81 3 C4 ON Y VA !

Praça do Império • T 15 Centro Cultural de Belém • museuberardo.pt • 213 612 400 • centre culturel : lu-ve 8h-20h, sa-di et j. fériés 10h-18h, fermé 25 déc ; musée Berardo : tlj. 10h-19h (sf j.fériés) • adulte 5 €, jeune (7-18) 2,50 €, enfant (– 7) gratuit, Lisboa Card – 30%, gratuit le samedi

Prendre un bol d'air

au Jardim da Praça do Império

Tous âges Ce jardin idéalement situé face au monastère permettra aux plus petits de se défouler dans la grande aire de jeux qui leur est dédiée.

Les principaux centres d'intérêt du quartier de Belém sont concentrés autour ou à proximité de la **place de l'Empire** et de son jardin. Cela peut se révéler bien pratique lorsque l'enchaînement des visites commence à se faire se sentir dans l'humeur des plus petits...

Le jardin de l'Empire est composé de **deux parties :** un **jardin classique aux allées soignées et ornées de statues**, avec sa monumentale fontaine, et un **espace vert plus moderne**, composé d'une **immense pelouse** souvent occupée par des amateurs de ballon rond et d'une aire de jeux pour enfants. Attention, il y a un piège : les jeux sont à côté d'une célèbre chaîne de restauration rapide dont l'emblème est un clown !

Plan p. 80-81 4 D4 ON Y VA !

Praça do Império • T 15 Mosteiro dos Jerónimos

Se prendre pour un capitaine

au Museu da Marinha

À partir de 4 ans **Le musée de la Marine vous invite à la fabuleuse découverte de l'histoire de la marine portugaise, autrefois parmi les plus puissantes du monde.**

Hébergé dans une aile du monastère des Hiéronymites (p. 86), le **musée de la Marine** expose de **superbes maquettes de navires**. Vous pourrez admirer des **caravelles** datant de la période des grandes découvertes maritimes, des voiliers du XVIIIe siècle, des embarcations à propulsion motorisée du XIXe siècle ou des vaisseaux de guerre plus modernes.

Vous verrez aussi la **maquette du São Gabriel**, le bateau utilisé par **Vasco da Gama** lors de son expédition en Inde ainsi que la magnifique **Barge Royale**, construite en 1778, pour la reine Maria. Autres curiosités : des **vieilles cartes** et **globes terrestres** qui montrent qu'à l'époque la Terre n'avait pas tout à fait le même tracé qu'aujourd'hui !

Quelques avions sont aussi exposés, comme le **Santa Cruz**, un hydravion qui a traversé l'Atlantique Sud en 1922. Les Portugais furent les premiers pilotes à rallier l'Atlantique Sud d'est en ouest avant Lindbergh !

Plan p. 80-81 6 C4 ON Y VA !

Praça do Império • T 15 Mosteiro dos Jerónimos • ccm.marinha.pt • 210 977 388 • tlj 10h-18h (mai-sept), 10h-17h (oct-avril), fermé 1er jan, di de Pâques, 1er mai et 25 déc • adulte 6,50 €, famille (2+2) 14,60 €, enfant (4-12) 3,25 €

Partir sur les traces des moines

du Mosteiro dos Jerónimos

À partir de 6 ans **Ce splendide monastère, est un incontournable. Inscrit au patrimoine mondial de l'Unesco depuis 1983, il symbolise à merveille l'architecture manuéline de Lisbonne.**

Ce monumental monastère en calcaire du XVIe siècle, dont la façade dépasse les 300 m, est probablement l'édifice portugais le **plus emblématique de l'art manuélin**. Retour en 1498, année de la découverte de la route maritime des Indes par le navigateur **Vasco da Gama**. Les nouvelles colonies portugaises permettent au Portugal de s'enrichir à vue d'œil et de dépenser sans compter. Et que fait un souverain quand il est assis sur un énorme tas d'or ? Il décide d'édifier des palais ou de gigantesques monuments religieux, pour s'assurer une bonne place au paradis et satisfaire un orgueil forcément démesuré. C'est ainsi qu'est né le **monastère des Hiéronymites**, une appellation bien compliquée pour expliquer qu'il est tout simplement consacré à saint Jérôme, dont le symbole est une tête de lion !

Astuce coupe-file

Pour éviter les très longues files d'attente, voici une petite astuce. Juste à gauche du Mosteiro se trouve le Museu Nacional d'Archéologia. Vous pouvez y acheter un billet pour le monastère sans avoir à piétiner sous le soleil. Vous n'aurez ensuite qu'à vous présenter directement à l'entrée du monastère, dans la file pour les porteurs de billets. Elle est facile à reconnaître, car il n'y a presque personne !

La construction de l'actuel monument a débuté en 1501 et n'a été conclue qu'une centaine d'années plus tard, après de nombreux cycles de travaux. Son style, entre gothique et renaissance, intègre également des éléments naturalistes ou classiques, qui le rendent **unique au monde.** À ce sujet, poussons un vaillant cocorico, puisque le Français Nicolas Chantereine a apporté sa pierre à l'édifice. Le **cloître du monastère** est d'une richesse éblouissante, grâce notamment à ses **superbes ornements décoratifs**. Vous y admirerez en outre le tombeau de l'écrivain Fernando Pessoa, l'un des plus célèbres auteurs lusophones.

L'**igreja Santa Maria de Belem** est un autre des trésors du Mosteiro dos Jeronimos à visiter absolument ! Le porche se trouve juste à droite de l'entrée du monastère. En forme de croix latine, cette église est un **magnifique exemple du style Manuélin** et se compose de trois nefs, d'une remarquable voûte et de superbes piliers. C'est aussi là que **Vasco de Gama** et les rois de cette période faste du Portugal sont inhumés. Leurs tombeaux évoquent les contrées exotiques découvertes lors des conquêtes, notamment avec des éléphants sculptés que les enfants s'amuseront à rechercher.

Plan p. 80-81 8 D3 ON Y VA ! ☐

Praça do Império • T 15 Mosteiro dos Jerónimos • mosteirojeronimos.pt • 213 620 034 • ma-di 10h-17h (oct-avril), 10h-18h30 (mai-sept), fermé 1er jan, di de Pâques, 1er mai, 13 juin et 25 déc • adulte 10 € (mosteiro dos Jerónimos + Torre de Belém 12 €), famille (1 + 2) – 50 %, enfant (– 12) gratuit

Manuélin comme Manuel

L'art manuélin fait référence au style architectural en vogue pendant le règne de Manuel Ier (1495-1521). Il s'agit d'un mélange d'arts gothique, mauresque et roman, teintés de naturalisme. Il se caractérise par sa grande richesse décorative et par des éléments comme la sphère armillaire et la Croix du Christ de Manuel Ier.

Avoir la tête dans les étoiles

au Planetário Calouste Gulbenkian

À partir de 4 ans Ce petit planétarium ravira les enfants et les amoureux des étoiles. À vous la Voie lactée et les aventures intersidérales dans le cosmos !

Envie d'un petit voyage dans l'espace ? C'est l'objectif de ce planétarium situé juste à côté du monastère des Hiéronymites. Il propose des projections, recrée des **ambiances nocturnes** et présente des animations (en français) expliquant le **mouvement des étoiles et du système solaire**, le tout sur un écran circulaire de 23 m de diamètre. Dans cet édifice, pas moins de **9 000 étoiles** vous attendent...

Plan p. 80-81 7 C3 ON Y VA !

Praça do Império • T 15 Mosteiro dos Jerónimos • ccm.marinha.pt/pt/planetario • 210 977 350 • ma-di 9h30-12h et 13h45-16h30 sa 13h30-16h, fermé 1er jan, di de Pâques, 1er mai et 25 déc • adulte 5 €, enfant (4-12) 2,50 € (interdit aux enfants de moins de 3 ans)

Assister à la relève de la garde

au Palácio de Belém

À partir de 6 ans Le palais présidentiel accueille le musée de la Présidence, qui retrace l'histoire de la République portugaise.

Le palais de Belém, qui date de 1559, est la **résidence officielle du président de**

la République portugaise depuis 1912. À l'origine, il appartenait à un aristocrate portugais, avant d'être cédé au roi João V au XVIIIe siècle. Occupé par la famille royale après le tremblement de terre de 1755, il a par la suite épisodiquement servi à accueillir des chefs d'État étrangers. Aujourd'hui, cet élégant **palais** aussi rose qu'un flamant du même nom constitue avant tout le lieu de travail du président, qui n'y vit plus depuis longtemps. Le musée retrace l'**histoire de la République portugaise** et expose les nombreux cadeaux reçus par le premier personnage de l'État.

Activités enfants Le troisième dimanche du mois, à 11h, se tient une **surprenante relève de la garde**, en fanfare et à cheval ! Le spectacle se déroule dans la rue et se poursuit dans les jardins attenants, où des airs de musique sont joués au galop, un exploit unique au monde.

Plan p. 80-81 ⓬ E3 ON Y VA ! ☐

Praça Afonso de Albuquerque • T 15 Belém • presidencia.pt • 213 614 660 • palais présidentiel : sa 10h30-16h30 (visites guidées ttes les h) ; musée : ma-ve 10h-18h, we et j. fériés 10h-14h • fermé 1er jan, di de Pâques,, 1er mai, 25 déc • musée : adulte 2,50 €, famille (2 + 3) 6 € ; musée + palais présidentiel : adulte 5 €, famille (2 + 3) 14 €, enfant (– 14) gratuit

HLR : habitation à loyer républicain

À l'origine, les présidents de la République qui habitaient le palais de Belém devaient verser un loyer à l'État afin de ne pas être accusés de bénéficier des mêmes privilèges que pendant l'Ancien Régime.

Voir des chevaux danser
au Picadeiro Henrique Calado

Tous âges Dans ce manège, vous assisterez à l'entraînement des chevaux de l'école portugaise des arts équestres, une expérience qui enchantera petits et grands amateurs de dadas remarquablement dressés.

C'est au Picadeiro Henrique Calado, du nom d'un cavalier émérite et commandant du régiment portugais des archers, que s'entraînent plusieurs fois par semaine les **chevaux lusitaniens** de l'école portugaise des arts équestres et où sont fréquemment organisés de superbes spectacles de chevaux. Les amateurs apprécieront d'assister à l'inlassable travail de dressage réalisé par les cavaliers et, avec un peu de chance, votre voyage à Lisbonne coïncidera avec l'un des galas organisés régulièrement dans cette belle salle de 282 places.

Ce ballet animal, en musique et accompagné de **jeux de lumière**, est un véritable régal pour les fans d'équitation. Le manège où évoluent les chevaux lusitaniens du haras de l'Alter est situé à quelques centaines de mètres seulement de la Praça do Império de Belém.

Notre conseil Avant de partir à Lisbonne, vérifiez les dates des spectacles sur le site Internet du Picadeiro Henrique Calado : comptez entre 25 et 37,50 € par personne.

Plan p. 80-81 11 E3 ON Y VA !

Calçada da Ajuda, 23 • B 729 Museu do Ultramar • arteequestre.pt • 219 237 300 • voir calendrier sur le site • 8 €, loge 12 €

Monter dans un carrosse
au Museu Nacional dos Coches

Tous âges **Le musée des Carrosses, l'un des plus visités de Lisbonne, héberge une collection unique de véhicules, dont certains datent du XVIIe siècle. Allez, fouette, cocher !**

Il ne faut surtout pas sous-estimer ce **musée des Carrosses**, qui ne ravira pas uniquement les nostalgiques de *Cendrillon* ! Celui-ci renferme des **pièces uniques** (allant du XVIe au XIXe siècle). **70 véhicules**, tous plus beaux les uns que les autres, vous y attendent.

Vous y admirerez par exemple **l'un des carrosses les plus vieux au monde**, ayant servi à Felipe II d'Espagne et datant probablement du XVIe siècle, un splendide carrosse du pape Clément XI (XVIIIe siècle), une **malle-poste** du XIXe siècle et de nombreuses **chaises à porteurs** richement décorées.

Tout ce que vous avez toujours voulu savoir sur le transport individuel avant l'invention de l'automobile ! En revanche, nous avons bien cherché : aucune citrouille n'est à signaler...

Plan p. 80-81 13 F4 ON Y VA ! ☐

Avenida da Índia, 136 • T 15 Belém • 210 732 319 • museudoscoches.pt • ma-di 10h-18h, fermé 1er jan, 1er mai, di de Pâques, 13 juin et 25 déc • adulte 8 €, famille (2+2) – 50 %, enfant (– 12) gratuit

Reconnaître des arômes
au Jardim Botânico da Ajuda

Tous âges Le premier jardin botanique de Lisbonne offre la particularité d'abriter un "jardin des arômes".

Localisé à quelques pas du palais national d'Ajuda, ce **ravissant carré de verdure** datant du XVIIIe siècle a été conçu pour divertir la famille royale. De type italien, il s'étend sur **4 ha répartis sur deux niveaux** et héberge des arbres plus que centenaires. L'**immense dragonnier,** pièce maîtresse de cette oasis urbaine, a plus de 400 ans ! En plus du **jardin des arômes** et ses curieuses herbes aromatiques, ne ratez pas la superbe et extravagante **fontaine aux 40 becs** (aussi appelée fontaine des serpents) et ses nombreux ornements allégoriques et mythologiques. À ne pas rater : le panorama plongeant sur le Tage, le **Cristo Rei** (le Christ Roi, p. 111) et le pont du 25 avril est somptueux.

Cristo Rei

Si cette gigantesque statue du Christ vous rappelle le Christ Rédempteur de la baie de Rio de Janeiro, c'est tout à fait normal. Les deux monuments sont jumelés ! Celui de Lisbonne culmine à 710 m au-dessus du fleuve et la statue mesure 38 m de haut, pour 1145 tonnes. On peut même le visiter ! (p. 111).

Plan p. 80-81 9 E1 ON Y VA ! ☐

Calçada da Ajuda • T 18E Calçada Ajuda (GNR) • 213 619 400 • tlj 10h-17h (nov-mars), lu-ve 10h-17h, we et j. fériés 10h-18h (avr et oct), lu-ve 10h-18h, we et j. fériés 9h-20h (mai-sept), fermé 25 déc et 1er jan • adulte 2 €, famille (2+2) 5 €, enfant (– 6) gratuit

Visiter un palais royal
au Palácio Nacional da Ajuda

À partir de 6 ans Cet ancien palais royal est situé dans un immense parc. Idéal pour fuir un peu la chaleur estivale.

Trônant sur les hauteurs de Belém, à l'abri du tourisme de masse, le **palais national d'Ajuda** est un très joli monument édifié après le grand tremblement de terre de 1755. Le choix du site peut sembler étrange, mais s'explique facilement : ce palais a été bâti sur une zone préservée des secousses sismiques, pour protéger le souverain d'une éventuelle nouvelle catastrophe. C'est aussi la raison pour laquelle il a d'abord été construit en bois, plus résistant aux séismes que la pierre. Mais pas aux flammes : en 1794, il est entièrement détruit par un incendie accidentel. Un nouveau projet voit alors le jour, mais il ne sera jamais achevé...

Aujourd'hui, ce monumental édifice néoclassique est un musée renfermant de **splendides lustres**, de **magnifiques parquets** et de **nombreux objets d'art** retraçant l'histoire de cette résidence royale au passé perturbé. Il jouit en outre d'un ravissant jardin.

Notre conseil Pour parvenir jusqu'au palais, prenez le tramway 18E depuis Belém.

Plan p. 80-81 10 F1 ON Y VA ! ☐

Largo da Ajuda • T 18E Calçada da Ajuda (Palácio) • palacioajuda.pt • 213 637 095 • je-ma 10h-18h, fermé 1er jan, di de Pâques, 1er mai, 13 juin et 25 déc • adulte 5 €, famille (2+2) 50%, enfant (– 12) gratuit, Lisboa Card gratuit

PARQUE DAS NAÇÕES

Le "parc des Nations" est un quartier ultramoderne, sorti de terre à l'occasion de l'Exposition universelle de 1998. Au menu de votre visite : un didactique musée de la Connaissance, un passionnant oceanarium et une vertigineuse promenade en téléphérique ! Les enfants apprécieront également l'immense espace piéton avec ses jets d'eau, fontaines et jardins. Une journée culturelle et ludique, qui pourra se conclure éventuellement avec un peu de shopping au centre commercial Vasco da Gama.

Apprendre en s'amusant

au Pavilhão do Conhecimento

À partir de 6 ans Ce musée de la Connaissance permet aux plus jeunes d'apprendre tout en s'amusant et de les intéresser aux phénomènes scientifiques les plus complexes.

Ce musée conçu tout spécialement pour l'Expo 98 est consacré à la **connaissance, aux sciences et à la technologie**. Mais bien que tout soit en portugais, pas de panique : l'**interactivité** avec le visiteur est le maître mot de ces lieux ludiques, particulièrement indiqués pour les enfants. Vos petits curieux et scientifiques en herbe pourront ainsi y enchaîner les activités aussi intéressantes que divertissantes et en ressortiront à coup sûr ravis ! **Chimie, espace, biologie ou alimentation**, les thèmes proposés varient énormément suivant les expositions, mais l'objectif est toujours le même, à savoir apprendre en s'amusant. Cerise sur le gâteau : l'architecture de cet édifice, l'un des pavillons les plus visités lors de l'Exposition universelle de 1998, est magnifique.

Notre conseil Privilégiez une visite en semaine, le Pavilhão do Conhecimento est très prisé des Lisboètes le week-end.

Plan p. 96 1 C3 ON Y VA !

Alameda dos Oceanos/Largo José Mariano Gago • M Oriente • pavconhecimento.pt • 218 917 100 • ma-ve 10h-18h, w-e et j. fériés 11h-19h • adulte 9€, enfant (12-17) 7€, (3-11) 6€, (– 3) gratuit, famille (2 + 2) 24€

Dormir avec des requins

à l'Oceanário de Lisboa

Tous âges **L'oceanarium de Lisbonne, le plus grand d'Europe, éblouira petits et grands avec son gigantesque bassin et ses innombrables espèces, dont de fascinants requins.**

Amateurs des aventures du capitaine Nemo ou du petit poisson du même nom, préparez-vous à une inoubliable plongée à 20 000 lieues sous les mers ! Et comme 20 millions de chanceux avant vous, précipitez-vous dans ces 20 000 m² où **8 000 organismes vivants de 500 espèces différentes** se répartissent dans 30 aquariums et 7 millions de litres d'eau.

C'est en 1998 que ce passionnant "musée des Océans" a ouvert ses portes, à l'occasion de l'**Exposition universelle de Lisbonne** dont il était la principale attraction. Il est devenu depuis l'un des passages obligés de la capitale portugaise, un lieu dont l'objectif dépasse de loin celui de présenter des espèces marines barbotant dans leur élément.

Des requins bien alimentés...

Vous avez dû vous poser la question : l'aquarium central sert-il de garde-manger aux requins qui le peuplent ? La réponse est non. Ils sont très bien alimentés et attaquent très peu leur environnement. Par ailleurs, ils ont été introduits dans le bassin parmi les dernières espèces, afin de limiter leur appétit territorial...

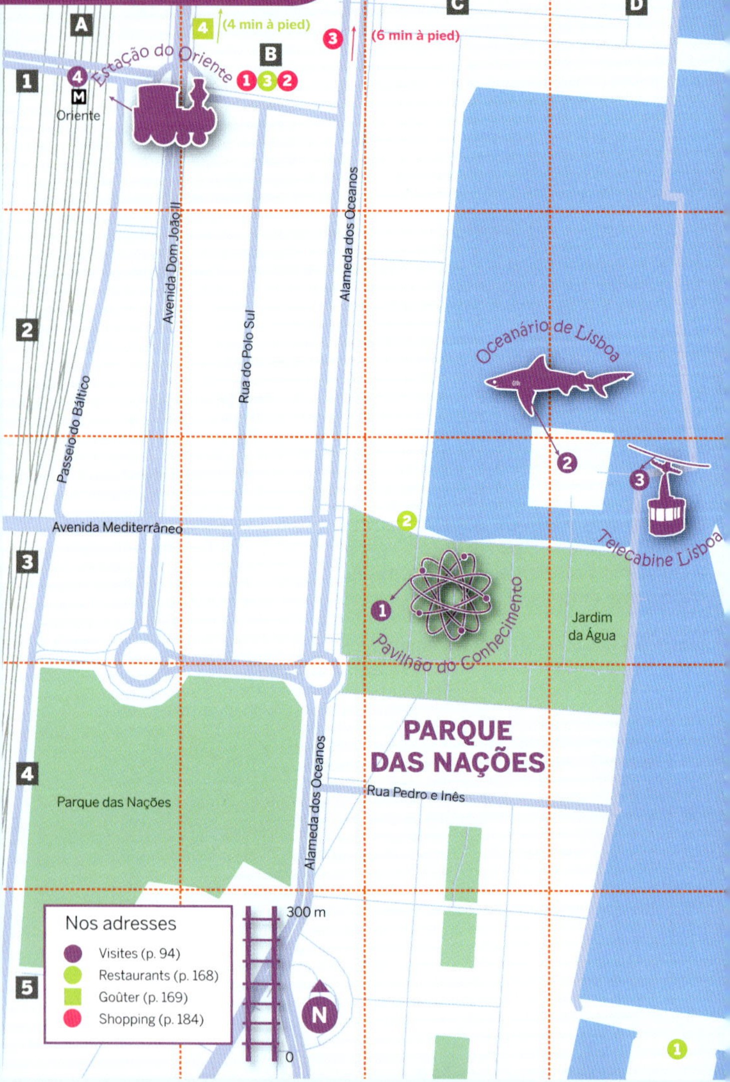
A
B
C
D
1
2
3
4
5
4 (4 min à pied)
3 (6 min à pied)
Estação do Oriente
1 3 2
4
M
Oriente
Avenida Dom João II
Rua do Polo Sul
Alameda dos Oceanos
Passeio do Báltico
Oceanário de Lisboa
2
3
Telecabine Lisboa
Avenida Mediterrâneo
2
1
Pavilhão do Conhecimento
Jardim da Água
PARQUE DAS NAÇÕES
Rua Pedro e Inês
Parque das Nações
Alameda dos Oceanos
Nos adresses
Visites (p. 94)
Restaurants (p. 168)
Goûter (p. 169)
Shopping (p. 184)
300 m
0
N
1

Les visiteurs sont sensibilisés à l'**écologie de l'environnement marin** dès la longue passerelle permettant d'accéder à l'édifice.

Lors de votre visite, vous allez pouvoir sillonner l'Antarctique, l'océan Indien, l'Atlantique Nord et le Pacifique pour découvrir des **poissons-clowns**, des **étoiles de mer** de toutes les couleurs, des **superbes salamandres** ou des **loutres espiègles**.

Le clou du spectacle est incontestablement son **gigantesque bassin central**. Avec ses 5 millions de litres d'eau, cet "océan global" que le visiteur parcourt sur deux niveaux – le fond de l'aquarium et son milieu – accueille une **centaine d'espèces**. Vous y verrez d'immenses **raies mantas** "voler" à plusieurs mètres de profondeur aux côtés d'effrayants **requins-taureaux ou léopards**.

Parmi les espèces les plus originales et amusantes pour les enfants, ne ratez pas les magnifiques et gélatineuses **méduses translucides**, la pieuvre du Pacifique, dissimulée dans son rocher, ni les fascinants **dragons de mer** feuillus, des sortes d'hippocampes dont le corps est recouvert de protubérances ressemblant à des plantes. Et comme toujours, les **pingouins** devraient rencontrer un joli succès auprès des plus petits.

Activités enfants Et que diriez-vous de **dormir avec les requins** ? Imaginez un peu la magie que représente une nuit passée au bord de l'énorme aquarium central de l'oceanarium de Lisbonne, "au milieu" des raies mantas, des requins et de milliers d'autres espèces

marines ! L'intérêt de cette attraction ne se limite d'ailleurs pas à un gros dodo parmi les poissons. Vous découvrirez également les **coulisses des lieux**, où sont notamment élevés quelques **bébés requins**, dans de petits espaces dédiés à cet effet. Assister à l'alimentation d'un bébé requin, ça vous dit ? Le billet comprend le repas du soir et un guide vous accompagnera tout au long de la nuit.

Plan p. 96 ❷ D3 ON Y VA ! ☐

Esplanada Dom Carlos I • M Oriente • oceanario.pt • 218 917 000 • tlj 10h-20h (hiver 10h-19h) • adulte 15 €, enfant (4-12) 10 €, famille (2 + 2) 39 € • programme "Dormir avec les requins" 60 € par pers. avec dîner (– 4 interdit), réservation obligatoire

Se promener dans les airs
dans la Telecabine Lisboa

Tous âges **Si vous avez le vertige, passez votre chemin ! Culminant à 30 m de hauteur, ce téléphérique traverse le parc des Nations sur un peu plus de 1 km.**

Circulant entre l'**oceanarium** et la **tour Vasco da Gama**, ce téléphérique traverse l'ancienne zone de l'Expo et offre un panorama impressionnant sur le Tage et ce quartier à l'architecture futuriste. Une façon originale de découvrir le quartier, la tête dans les nuages !

Notre conseil Si effectuer le trajet de retour à pied vous rebute, choisissez un billet aller-retour. La vue splendide sur le Tage vaut bien la peine d'être contemplée à deux reprises !

Plan p. 96 3 D3 ONYVA !

Passeio das Tagides (nord), Passeio de Neptuno (sud) • M Oriente • telecabinelisboa.pt • 218 956 143 • 10h30-20h (juin-août), 11h-19h (sept-oct), 11h-18h (oct-mars), 11h -19h (mars -mai) • adulte 3,95 € (A/R 5,90 €), enfant (7-12) 2 € (A/R 3,35 €)

Visiter une forêt de verre et d'acier

à l'Estação do Oriente

Tous âges La gare de l'Orient, la plus grande du Portugal, est un petit bijou d'architecture moderne dont la toiture évoque une énorme forêt de palmiers.

Œuvre de l'architecte espagnol Santiago Calatrava, connu pour mélanger avec succès le béton, le verre et l'acier, cette **gare futuriste** date de l'Exposition universelle de 1998. Au-dessus des quais, sa **gigantesque couverture de verre et de métal** évoque une forêt de palmiers et permet le passage d'une belle lumière naturelle. Ses colonnes et ses arcs rappellent quant à eux l'architecture d'une cathédrale gothique.

C'est aussi la **plus grande gare du pays**. Elle accueille une station de métro (Oriente) et une galerie commerciale. Les fans d'architecture y trouveront largement leur compte et les enfants s'amuseront à visiter cette "forêt" futuriste.

Plan p. 96 4 A1 ONYVA !

Edificio Gare do Oriente, Piso 1 • Avenida Dom João II • M Oriente

AU-DELÀ DU CENTRE-VILLE

Si le centre de Lisbonne héberge les principaux monuments historiques, visiter les zones plus modernes de la ville permet de mieux la comprendre et de découvrir de magnifiques sites. Les enfants apprécieront tout particulièrement le superbe zoo, ainsi que son musée de la Marionnette. Quant aux plus grands, un bouillon de culture les attend au musée Calouste Gulbenkian et au passionnant musée des Arts anciens.

Voir un spectacle de dauphins

au Jardim Zoológico

Tous âges **À moins d'avoir la phobie des cages, le zoo de Lisbonne est une visite incontournable, notamment pour son spectacle de dauphins.**

Vous passerez à coup sûr une très agréable demi-journée dans ce joli parc peuplé de **2 000 animaux** de 332 espèces différentes. Parmi les principales attractions, ne ratez pas la **baie des dauphins** qui propose un spectacle de dauphins et de lions marins dans un cadre reconstituant un village de pêche typiquement portugais. Une trentaine de minutes très divertissantes et parfois interactives ! L'heure du repas des **lions marins** est aussi un moment très apprécié du public. Il est possible de survoler le zoo en **téléphérique** et de le parcourir à bord d'un **petit train.** Pratique quand les pieds commencent à fatiguer !

Notre conseil En arrivant au zoo, consultez les horaires des différentes attractions (spectacle de dauphins, alimentation des lions marins et des pélicans, vol des rapaces), variables selon les périodes de l'année.

Activités enfants Un parc d'attractions (payantes) se trouve dans la zone de libre accès du Jardim Zoológico. L'assurance de passer une excellente journée avec les enfants !

Praça Marechal Humberto Delgado • M Jardim Zoológico • www.zoo.pt • 217 998 450 • tlj 10h-20h (21 mars-20 sept), 10h-18h (21 sept-20 mars) • adulte 21,50 €, enfant (3-12) 14,50 € ON Y VA ! ☐

Se prendre pour un toréador
aux arènes du Campo Pequeno

Tous âges **Récemment réaménagées, les arènes abritent un amphithéâtre pouvant accueillir 10 000 spectateurs, une galerie commerciale, des restaurants et un musée.**

Les arènes se trouvent dans un magnifique et imposant **monument de style néomauresque** inauguré en 1892. C'est là que se tiennent les **corridas portugaises**, un art toujours très populaire dans le pays. Les arènes de 35 m de diamètre peuvent être visitées en accédant au **musée du Campo Pequeno,** entièrement consacré à la **tauromachie** et à l'histoire centenaire de ce superbe édifice en brique rouge. Les arènes hébergent également une **petite galerie commerciale** et quelques **restaurants** (p. 169).

M Campo Pequeno • www.campopequeno.com • 217 232 900 • tlj 10h-13h et 14h-19h (avril-oct), 10h-13h et 14h-18h (nov-mars) • adulte 5 € (musée + arènes), 3 € (arènes), enfant (– 12) gratuit ON Y VA ! ☐

On n'achève pas les taureaux
La corrida, appelée *tourada* au Portugal, est une tradition solidement ancrée dans le pays. Elle se pratique à cheval et sans mise à mort : à la fin du spectacle, un groupe de jeunes toréadors pénètre dans l'arène et immobilise le taureau... à mains nues !

Admirer les grands maîtres

au Museu Calouste Gulbekian

À partir de 4 ans **Situé dans un superbe parc, ce musée qui abrite pas moins de 6000 œuvres est une occasion de réviser ses classiques dans un cadre magnifique.**

Le musée abrite une riche collection répartie sur deux parcours : le premier est consacré aux **arts orientaux et classiques** et présente des œuvres égyptiennes, gréco-romaines, chinoises ou mauresques. Le second étage est dédié à l'**art européen** et expose des artistes tels que **Degas, Manet, Renoir, Rodin, Monet ou Turner**. Une grande place est faite à l'art français, que le philanthrope arménien avait découvert en vivant à Paris.

Le musée est situé dans un **superbe jardin** très prisé des boulistes en général et des jeunes couples en particulier… On les comprend : le cadre bucolique, son grand lac, les allées discrètes et leurs recoins sont un cocktail parfait pour les amoureux en quête de tranquillité et soucieux de fuir le tumulte de la cité. Plusieurs itinéraires sont possibles dans ce **véritable poumon de la capitale** : celui de la lumière et de l'ombre, celui des odeurs ou encore le parcours du lac.

Calouste Gulbenkian

Ce mécène d'origine arménienne (1869-1955) était un amoureux des arts qui a grandement contribué à la diffusion de la culture au Portugal, où il a fini ses jours. C'est grâce à son héritage qu'est née la fondation Calouste Gulbenkian.

En août, un festival de jazz se tient dans l'amphithéâtre du parc et propose un concert par jour pendant dix jours.

Notre conseil Si vous décidez de visiter le musée, prévoyez un peu de temps pour découvrir son magnifique jardin. Et pourquoi ne pas faire un pique-nique en famille ?

Avenida da Berna, 45A • M São Sebastião, Praça de Espanha • gulbenkian.pt • 217 823 461 • me-lu 10h-18h, fermé 24, 25 déc, 1er jan, di de Pâques et 1er mai • adulte 10 €, jeune (12-29) 5 €, enfant (– 12) et di à partir de 14h gratuit, Lisboa Card – 20 % ON Y VA ! ☐

Découvrir l'art moderne portugais

au Centro de Arte Moderna

À partir de 4 ans **Cubisme, surréalisme et expressionnisme à la sauce portugaise, voilà ce qui vous attend au Centre d'art moderne.**

La collection d'art moderne du musée Calouste Gulbenkian dispose de son propre édifice et propose des œuvres datant d'une période comprise entre la fin du XIXe et le XXIe siècle. Composée de quelque **10 000 pièces** (peintures, sculptures, dessins, photographies ou films), elle fait la part belle aux artistes portugais ayant marqué le **mouvement avant-gardiste du début du XXe siècle**, comme Amadeo de Souza-Cardoso ou Eduardo Viana et à des artistes contemporains telle que la très populaire **Paula Rego**. Il s'agit sans conteste

de la plus importante collection moderne nationale du pays.

Rua Dr. Nicolau de Bettencourt • Ⓜ São Sebastião, Praça de Espanha • gulbenkian.pt • 217 823 474 • me-lu 10h-18h, fermé 24, 25 déc, 1er jan, di de Pâques et 1er mai • adulte 10 € (+ Museu Gulbekian), jeune (12– 29) – 5 €, enfant (– 12) et di à partir de 14h gratuit, Lisboa Card – 20 % ON Y VA ! ☐

Dribbler toute la défense
à l'Estádio da Luz

Tous âges **La visite du stade du SL Benfica, entièrement reconstruit pour l'Euro 2004, enchantera tous les fans de football.**

Pour ceux qui ne le savent pas, le "stade de la lumière" est l'enceinte qui accueille les matchs du club le plus populaire et le plus titré du pays : le légendaire **Sport Lisboa e Benfica**. Ce magnifique stade, entièrement reconstruit à l'occasion du Championnat d'Europe de 2004, fait l'objet de visites guidées qui raviront les amoureux du ballon rond et les inconditionnels de la légende du club : le mythique **Eusébio**, dont la dépouille repose au Panthéon. Attention, les jours de matchs, aucune visite n'est possible, donc vérifiez le site avant de vous y rendre.

ON Y VA ! ☐

Avenida General Norton de Matos • Ⓜ Colegio Militar • slbenfica.pt • 707 200 100 • tlj 10h-18h (sf 1er Jan et 25 déc) • adulte 12,50 €, stade + musée 17,50 €, enfant (3-13) 5 €, stade + musée 7 €

Le mythe Eusébio

Surnommé la panthère noire ou la perle noire, Eusébio da Silva Ferreira est une véritable légende du football. Avec le SL Benfica, il a remporté 11 fois le championnat national. Cet attaquant d'exception a marqué 41 buts en 64 matchs disputés avec la sélection du Portugal.

Se prendre pour une marquise
au Palácio da Fronteira

À partir de 4 ans Cette petite merveille datant du XVIIe siècle est certes un peu excentrée, mais vaut largement le déplacement. Ses panneaux d'azulejos sont parmi les plus beaux de Lisbonne.

Ce ravissant palais est une ancienne résidence de campagne (une quinta) qui héberge toujours le **12e marquis de Fronteira**. Les intérieurs sont superbes, mais le jardin seul vaut déjà la visite, avec **ses statues, ses jets d'eau et ses admirables panneaux d'azulejos**. C'est au XVIIe siècle qu'ont été construits le corps principal et les tours de cet édifice conçu pour servir de **pavillon de chasse** au premier marquis de Fronteira.

À l'intérieur, les **azulejos** sont aussi à l'honneur, dans la **Sala das Batalhas** (salle des Batailles), où sont retracés les moments les plus épiques de la guerre de Restauration menée contre le voisin espagnol. La visite guidée vous conduira aussi dans la bibliothèque, dans la chapelle du palais et sur la terrasse, ornée de statues mythologiques et de panneaux d'azulejos.

Avant de repartir, perdez-vous un peu dans **les jardins** composés de buis soigneusement taillés, de bassins, d'azulejos d'un bleu resplendissant et de nombreuses statues allégoriques, voire hermétiques – les amateurs apprécieront. L'un des chefs-d'œuvre des lieux : la **galerie des rois**, ornée de bustes des souverains portugais, et les panneaux d'azulejos, juste en dessous.

Largo São Domingos de Benfica, 1 • B 770 Travessa de São Domingos • www.fronteira-alorna.pt • 217 782 023 • palais, visites guidées, lu-sa 10h30, 11h, 11h30, 12h (juin-sept), 11h, 12h (oct-mai), fermé di et j. fériés, jardins lu-ve 10h30-13h, 14h-17h, sa 10h30-13h (juin-sept), lu-ve 11h-13h, 14h-17h, sa 11h-13h (oct-mai), fermé di et j. fériés • 7,50 € (palais et jardins), 3 € (jardins) ON Y VA ! ☐

Trouver sa vocation
au Museu Nacional de Arte Antiga

À partir de 4 ans **Ce musée des Arts anciens vous impressionnera par sa riche collection d'art, la plus grande du pays, offrant une exploration artistique du Moyen Âge jusqu'au XIXe siècle.**

Cette collection d'art (XIXe-XIXe siècle) d'une **rare richesse** est merveilleusement mise en valeur par le **palais du XVIIe siècle** qui l'héberge, autrefois propriété du marquis de Pombal. Le musée abrite **2 200 tableaux, 3 200 œuvres d'orfèvrerie, 1 700 meubles anciens et 7 500 pièces en céramique**. Autant dire qu'il est impossible de tout en voir en une fois. Renaissance italienne, peinture flamande, siècle d'or espagnol, arts décoratifs, céramiques, arts orientaux, orfèvrerie ou arts primitifs portugais… Le choix va être difficile !

Notre conseil Ne partez pas sans voir *L'Adoration de saint Vincent*, une œuvre magnifique, fondatrice de la peinture portugaise et datant des années 1460.

On adore l'Adoration

L'Adoration de saint Vincent est un tableau attribué à Nuno Gonçalves composé de six panneaux et représentant la bagatelle de 60 personnages, membres de la cour, du clergé et de la société portugaise du XVe siècle. Cette œuvre est sujette à de vives et interminables controverses d'interprétation. Quelle sera la vôtre ?

Rua das Janelas Verdes • B 713, 714 ou 727 Rua das Janelas Verdes • museudearteantiga.pt • 213 912 800 • ma-di 10h-18h, fermé 1er jan, di de Pâques, 1er mai, 13 juin, 25 déc • adulte 6 €, enfant (– 12) gratuit, famille (2+2) – 50 % ON Y VA ! ☐

Faire le pantin
au Museu da Marioneta

Tous âges **C'est dans le riche quartier de Lapa, à l'écart des circuits touristiques, que se niche ce formidable petit musée de la Marionnette. Les enfants vont adorer !**

Ce charmant musée consacré à l'histoire et au **théâtre de la marionnette** présente divers types de pantin, en faisant bien sûr une place de choix aux pièces traditionnelles d'origine portugaise.

Mais aucune culture n'est oubliée, puisque des figurines et des masques orientaux ou brésiliens viennent enrichir cette collection d'une exceptionnelle qualité. Ainsi font, font, font, trois petits tours et puis s'en vont !

Activités enfants Des spectacles de marionnettes sont fréquemment organisés. Renseignez-vous avant ou pendant votre visite.

Rua da Esperança, 146 • B 706, 713, 714 ou 727 Santos-o-Velho • museudamarioneta.pt • 213 942 810 • ma-di 10h-13h et 14h-18h, fermé 1er jan, 1er mai, 24, 25 déc et 31 déc apr.-midi • adulte 5 €, jeune (13-25) 2,50 €, enfant (– 12) gratuit, di matin et jrs fériés gratuit ON Y VA ! ☐

Prendre le large
sur la Fragata Dom Fernando II e Glória

Tous âges **Cette frégate-musée située sur la berge sud du Tage est un superbe voilier du XIXe siècle qui assurait autrefois la liaison entre le Portugal et l'Inde.**

Moussaillons, si vous souhaitez revivre la formidable épopée des **grandes découvertes maritimes**, découvrez sans tarder la **frégate Dom Fernando II e Glória**, située à deux pas du terminal maritime de Cacilhas, sur la berge sud du Tage.

Ce superbe navire a été construit en Inde en 1843 et pendant 33 ans, il a assuré une liaison **entre le Portugal et ses colonies indiennes**. Lorsque vous le foulerez du pied, songez que jusqu'à **600 personnes** pouvaient s'y entasser ! Ce **bateau-musée de 87 m** a presque entièrement brûlé en 1963 avant d'être complètement **rénové à l'identique**. Le résultat est saisissant : vous aurez réellement la sensation d'arpenter le pont et de découvrir la cale d'un **véritable voilier du XIXe siècle**. Une sensation renforcée par la présence de **mannequins grandeur nature** reconstituant la vie à bord !

Doca n° 2, Cacilhas • M Cais do Sodré, puis bateau jusqu'à Cacilhas • ccm.marinha.pt • 917841149 • 10h-17h sf lu 12h-17h (1er oct-30 avril), 10h-18h, sauf lu 12h-18h, (1er mai-30 sept), fermé 1er jan, di de Pâques, 1er mai et 25 déc • adulte 4 €, enfant (4-12) 2 €, (– 3) gratuit, famille (2 + 2) 10 € ON Y VA ! ☐

Voir la vie en bleu
au Museu Nacional do Azulejo

À partir de 4 ans **Ce musée consacré à l'art de l'azulejo est l'une des petites merveilles de Lisbonne. Il est un peu excentré, certes, mais sa découverte justifie mille fois le rapide trajet en bus pour s'y rendre.**

La culture de l'azulejo a pour origine la considérable influence que **les Maures** ont exercée sur le Portugal en général et Lisbonne en particulier. On raconte qu'en 1498 le **roi Manuel Ier** est revenu émerveillé d'un voyage en Espagne. Sous le charme des azulejos ornant les **palais mauresques** de Séville, il a alors décidé de s'en inspirer pour décorer les résidences royales, notamment celle de Sintra,

Depuis, l'histoire de Lisbonne est intimement liée à celle de ses azulejos, qui subliment les façades des immeubles, l'intérieur des appartements anciens et même quelques stations de métro.

Ce sanctuaire de la céramique portugaise a ouvert ses portes en 1960 dans le cloître de l'**ancien couvent de Madre de Deus** ("Mère de Dieu"), fondé en 1509 et dont l'édifice a résisté au grand tremblement de terre de 1755. En ces lieux d'une richesse exceptionnelle, quelque **7 000 pièces** font partie de l'exposition permanente, autant de joyaux permettant de retracer l'**histoire de cet art portugais**, de l'époque musulmane jusqu'à aujourd'hui. Vous verrez notamment de **superbes représentations** de scènes de

Origine du mot azulejo

Il vient de l'arabe azzelij, qui signifie "petite pierre solide". Le terme servait à désigner ces pièces très fréquemment utilisées dans l'art byzantin.

chasse, des portraits de souverain, des natures mortes ou encore des panneaux consacrés aux grandes découvertes maritimes.

Au rez-de-chaussée, prenez le temps d'admirer les perspectives du magnifique panneau de Marçal de Matos, ***Nossa Senhora da Vida*** (1580), illustrant la nativité dans un retable en forme de triptyque. Ou quand l'art de l'azulejo n'a rien à envier à celui de la peinture ! Les enfants apprécieront à coup sûr la plupart des pièces présentées, leurs couleurs vives et les nombreuses saynètes en faïence de ce musée à découvrir sans tarder.

Afin d'organiser votre visite au mieux, sachez que le **1er étage** est consacré aux **azulejos "primitifs"** des XVe et XVIe siècles, ainsi qu'à des œuvres d'influences orientales. Le **2e étage** est dédié aux **azulejos "hollandais"** du XVIIIe siècle et aux **azulejos "romantiques"** des XIXe et XXe siècles.

Notre conseil Si vous ne devez contempler qu'une œuvre du musée, ne ratez surtout pas ce magnifique panneau de 36 m de long composé d'environ **1300 azulejos** et représentant la capitale portugaise avant le grand tremblement de terre de 1755. Un régal pour les yeux, à contempler de toute urgence au 3e étage de l'édifice.

Rua Madre de Deus, 4 • B 718, 742 ou 794 Igreja Madre de Deus (Museu do Azulejo) • www.museudoazulejo.pt • 21710340 • ma-di 10h-18h, fermé di de Pâques, 1er jan, 1er mai, 13 juin et 25 déc • adulte 5 €, enfant (– 12) gratuit, famille (2+2) 50% ON Y VA !

Visiter un Christ géant
au Santuário Nacional de Cristo Rei

Tous âges **Du haut de cette réplique monumentale du Christ Rédempteur de la baie de Rio de Janeiro, le panorama sur la région est tout simplement... divin !**

En vous baladant le long du fleuve ou depuis un belvédère surplombant l'estuaire du Tage, vous aurez forcément remarqué l'imposante présence de ce **Christ Roi** dominant le pont 25 de Abril et tourné vers Lisbonne, les bras en croix. Les chiffres donnent le vertige : la falaise sur laquelle il trône est située à **133 m au-dessus du niveau de la mer** et la statue culmine à **110 m de hauteur**. Faites le calcul (de tête, les enfants, on ne sort pas le téléphone !) et imaginez le panorama qui s'offre au visiteur depuis la terrasse... Rassurez-vous, des ascenseurs sont à votre disposition ! En cas de temps dégagé, une **magnifique vue de 20 km** de rayon sur la région de Lisbonne vous attend.

Notre conseil Pour y aller en transport en commun, il vous faudra prendre le bateau à la gare maritime de Cais do Sodré et rejoindre Cacilhas (15 min de traversée). De là, le bus 101 vous mènera au pied du Christ Roi en une quinzaine de minutes environ.

ON Y VA ! ☐

Ferry depuis la gare maritime de Cais do Sodré jsq Cacilhas, puis **B** *101 Cristo Rei • cristorei.pt • 212 751 000 • tlj 9h30-18h45 (1er-14 juil et 1er-20 sept), 9h30-19h (15 juil-31 août), 9h30-18h (21 sept-30 juin) • adulte 5 €, enfant (– 8) gratuit*

Des airs de Rio

Ce monument vous rappelle vaguement quelque chose ? C'est normal, il s'agit d'une réplique de l'iconique Christ Rédempteur veillant sur la baie de Rio de Janeiro. Une façon de souligner les liens indéfectibles qui unissent le Portugal à son ancienne colonie, le Brésil.

Sintra est un incroyable concentré de merveilles architecturales. On s'y rend très facilement depuis Lisbonne, en prenant le train à la gare du Rossio. Une journée entière vous sera nécessaire pour visiter son incroyable palais qui semble tout droit sorti du cerveau de Walt Disney, son jardin bourré de symboles ésotériques et son gigantesque parc de 200 ha. Pour une expédition plus rapide, optez pour Queluz et son château de Versailles version portugaise.

Se croire au château de Versailles

au Palácio Nacional de Queluz

À partir de 4 ans **Ce magnifique palais tout rose est souvent comparé au château de Versailles, notamment pour la beauté de ses jardins d'influence française.**

C'est en 1747 qu'ont débuté les travaux du palais royal de Queluz, résidence d'été des souverains portugais. Marqué par les influences baroque, rococo et néoclassique en vogue aux XVIIIe et XIVe siècles, ce **magnifique monument rose pastel** est connu pour la beauté de son intérieur et ses **ravissants jardins historiques**.

L'intérieur, rénové après un incendie qui l'a ravagé en 1934, est **richement décoré**, orné de tapisseries, de peintures et de lustres resplendissants. Lors de votre visite, vous découvrirez la sublime sala de Trono (salle du Trône) qui servait aux audiences officielles, le **couloir des Azulejos**, revêtu d'admirables panneaux datant de 1784, ou encore la sala dos Embaixadores (salle des Ambassadeurs), d'inspiration orientale. Dans les **jardins supérieurs,** agrémentés de fontaines et de nombreuses statues, les amateurs apprécieront la **géométrie typiquement française** des parterres.

Et le meilleur est à venir. Dans les **jardins italiens** situés en contrebas, ne ratez pas la pièce maîtresse : un **éblouissant pont baroque** traversant un canal recouvert d'azulejos, puis profitez des 16 ha de verdure et partez à la recherche de la **fontaine de Neptune**, des statues de plomb de Caïn et Abel ou de l'étonnante grande cascade.

Notre conseil Pour vous y rendre en transport en commun, le plus simple est d'utiliser la ligne de train Lisbonne-Sintra, jusqu'à la gare de Queluz-Belas, et de poursuivre en bus, via la ligne 25. Attention, cette visite n'est combinable avec Sintra que si vous êtes en voiture.

ON Y VA !

Largo Palácio de Queluz • parquesdesintra.pt • 219 237 300 • tlj 9h-18h jsq 23 mars (18h après 23 mars), fermé 25 déc et 1er jan • adulte 10 € (palais + jardin), 5 € (jardin), enfant (6-17) 8,50 € (palais + jardin), 3,50 € (jardin)

Se prendre pour Cendrillon au Palácio da Pena

Tous âges **Si vous n'avez jamais visité de château imaginé par Walt Disney, précipitez-vous dans cet extravagant château. Cendrillon s'y trouve peut être !**

Le palais national de Pena, l'**une des sept merveilles** du Portugal, fait régulièrement partie des sites les plus visités du pays. Bâti

entre 1840 et 1850, cet édifice multicolore culminant à plus de **500 m d'altitude** est le coup de folie du prince Fernando II.

Il est impossible d'en définir le style précis, tour à tour **gothique, Renaissance, mudéjar ou néomanuélin**. Le prince souhaitait un château exubérant à l'image de ceux de Bavière et il a fait appel aux services de l'architecte Ludwig von Eschwege pour superviser les travaux.

Et ce n'est pas fini ! À l'intérieur, tout est aussi exubérant, une succession de salles débordant d'ornements, un **cloître mauresque** recouvert d'azulejos, une surprenante pièce en trompe-l'œil et une **gigantesque cuisine** vous attendent. Vous allez en prendre plein les mirettes !

Notre conseil Ne ratez pas la chapelle, la **vue est magnifique**. Recherchez également l'emblématique **statue de Triton** et parcourez le chemin de ronde, d'où le panorama est à couper le souffle.

ON Y VA ! ☐

Estrada da Pena • B 434 Palácio da Pena • parquesdesintra.pt • 219 237 300 • tlj 10h-18h jsq 23 mars, 9h30-19h après 23 mars, fermé 25 déc et 1er jan • adulte 14 €, enfant (6-17) 12,50 €

Sintra pratique

Pour visiter Sintra, le bus s'impose surtout en famille car ça grimpe ! Le 434 effectue une boucle depuis la gare et dessert le Palácio Nacional, le Castelo dos Mouros et le Palácio da Pena, avant de refaire le chemin en sens inverse. Le billet vaut 5 € l'aller-retour et 12 € en trajets illimités pour se rendre dans plusieurs sites. Quant à la Quinta da Regaleira, elle est accessible à pied depuis le centre-ville (15 min) ou avec le bus 435 depuis la gare (5 min) ou depuis le centre-ville (1 min).

Voir des fougères géantes
au Parque da Pena

Tous âges **Situé en contrebas du palais, cet immense parc de 200 ha propose de magnifiques balades, dans un cadre agréablement ombragé.**

Le **parc de la Pena** est aussi exubérant que le palais du même nom. Il propose divers parcours et de nombreuses balades, qui vous feront traverser des ponts, visiter des grottes ou découvrir de très jolies fontaines. Un **décor idyllique** fait de camélias, de rhododendrons et de fougères géantes, dans des **allées romantiques et sinueuses** le long desquelles vous croiserez quelques pavillons. Des **bancs en pierre** jalonnent le parc et vous permettront de reprendre des forces avant de poursuivre votre chemin.

ONYVA ! ☐

Estrada da Pena • B 434 Palácio da Pena • parquesdesintra.pt • 219 237 300 • tlj 10h-18h jsq 23 mars, 9h30-20h après 23 mars, fermé 25 déc et 1er jan • adulte 7,50 €, enfant (6-17) 6,50 €

Sintra à prix malins

Pour optimiser votre journée à Sintra, achetez un billet combiné : Palácio Nacional, Castelo dos Mouros et Palácio da Pena. Prix : 24 € par adulte au lieu de 32 € et 19 € par enfant (6-17) contre 27,50 €.

Se prendre pour un aigle
au Castelo dos Mouros

À partir de 6 ans **Depuis les murailles du château des Maures, profitez d'une vue époustouflante sur toute la région.**

Le château des Maures a été construit sur les hauteurs de la **Serra de Sintra** aux alentours du IXe siècle, à la suite de la conquête musulmane de la péninsule Ibérique.

Stratégiquement localisé, il permettait de surveiller toute la région de Lisbonne. Concurrencé par le palais national de Pena, il sera peu à peu abandonné à partir du XVe siècle.

Ce n'est qu'au XIXe siècle que des travaux viendront interrompre sa lente dégradation. De nos jours, il ne reste pas grand-chose de l'édifice, à part ses **murailles** et les vestiges d'une chapelle et d'une citerne. Sa visite n'en est pas moins agréable, grâce au **fabuleux panorama** offert depuis ses remparts ou la tour du château. Perchés à **450 m** d'altitude, attendez-vous à en prendre plein les yeux !

Notre conseil Si un peu de grimpette ne vous fait pas peur, vous pourrez vous y rendre à pied depuis la gare de Sintra (comptez 30 min de marche). Sinon, prenez la navette qui part de la gare environ toutes les 15 min.

Estrada da Pena • B 434 Castelo dos Mouros • parquesdesintra.pt • 219 237 300 • tlj 10h-18 jsq 23 mars, 9h30-20h après 23 mars, fermé 25 déc et 1er jan • adulte 8 €, enfant (6-17) 6,50 €

ON Y VA ! ☐

Entrer dans une tour inversée
à la Quinta da Regaleira

À partir de 6 ans **Lacs, grottes souterraines, tour inversée… Les mystérieux jardins de cet extravagant palais forment un terrain de jeu pour l'imagination de vos bambins.**

À quelques minutes à pied depuis la vieille ville de Sintra, ce joyau architectural du XXe siècle mêle avec bonheur les styles roman,

gothique, Renaissance et manuélin. Ses **luxuriants jardins** renferment de nombreux et passionnants éléments ésotériques évoquant la maçonnerie, l'alchimie, les Templiers et l'hermétisme de la Rose-Croix, ainsi que des **labyrinthes** et des **grottes** qui raviront petits et grands enfants.

L'une des curiosités les plus emblématiques du palais est sans conteste **l'étonnant puits initiatique du jardin**, une sorte de **tour inversée** s'enfonçant dans la terre sur 27 m.

Ses **neuf paliers,** accessibles par un escalier, représenteraient les neuf cercles de l'enfer, du paradis et du purgatoire de la *Divine Comédie* de Dante. Ce **charmant désordre botanique** mérite une visite à lui seul. Vous l'aurez compris, c'est l'**un de nos coups de cœur** !

Notre conseil L'intérieur n'est pas aussi énigmatique, mais tout aussi exubérant. Si vous manquez de temps, concentrez-vous sur les jardins, car plein d'autres choses vous attendent encore à Sintra !

ON Y VA ! ☐

Rua Barbosa do Bocage, 5 • B 434 Palácio Nacional - Turismo • regaleira.pt • 219 106 650 • tlj 9h30-19h (avr-sept), 9h30-17h (oct-mars), fermé 24 et 25 déc • adulte 6 €, enfant (6-17) 4 €

Admirer d'incroyables cheminées coniques

au Palácio Nacional de Sintra

Tous âges **Le palais royal se distingue notamment par des cheminées qui marquent le paysage de la ville de Sintra. C'est l'un des palais les plus visités du pays.**

Aussi appelé Palácio da Vila, ce monument situé dans la vieille ville de Sintra était autrefois une **résidence royale**, bâtie sur le site d'un château maure dont les premières références datent du XIe siècle.

C'est en 1489 que sa reconstruction a commencé. Les **riches azulejos andalous** qui agrémentent les patios sont de cette période, la **sala dos Brasões** (salle des Blasons) remonte au début du XVIe siècle. Et comme bien des édifices de l'époque, ce palais aux influences médiévale, gothique, manuéline et Renaissance a bénéficié d'importants travaux après le tremblement de terre de 1755.

À l'intérieur, le **style mudéjar** prédomine, dans la vaste sala dos Cisnes (salle des Cygnes), ainsi nommée car son sublime plafond en boiserie dorée est orné de **27 cygnes**, comme dans le patio central. La salle des Blasons, la **plus belle du palais**, se trouve à l'étage. Son plafond est décoré des blasons des 72 grandes familles portugaises et ses murs sont revêtus de magnifiques azulejos du XVIIIe siècle.

La visite se termine sur les cuisines de d'où partent les **gigantesques cheminées coniques** indissociables de la ville de Sintra.

Architecture mu-dé-jare !
Les Mudéjars étaient les musulmans de la péninsule Ibérique, devenus sujets des royaumes espagnols et portugais après le départ des armées maures. Par extension, l'architecture mudéjare s'inspire du style musulman et de ses techniques. L'étymologie du mot ? En arabe, il signifie "domestiqué"...

Largo Rainha Dona Amélia • B 434 Centro Histórico • parquesdesintra.pt • 219 237 300 • tlj 9h30-18h jsq 23 mars (19h après 23 mars), fermé 25 déc et 1er jan • adulte 10 €, enfant (6-17) 8,50 € ON Y VA ! ☐

Se prendre pour un sultan
au Palácio de Monserrate

À partir de 6 ans Le palais de Monserrate renferme en son sein d'étonnantes salles aux influences orientales. Une architecture peu commune doublée d'un superbe jardin.

Si vous doutez encore de l'influence de l'**art mauresque** sur la péninsule Ibérique, l'architecture de ce magnifique palais devrait achever de vous convaincre. Ce petit joyau a été édifié à la demande de Francis Cook, riche commerçant anglais et vicomte de Monserrate. Même si sa construction date de la fin du XIXe siècle, alors que les armées maures avaient été boutées hors du pays depuis longtemps, il épouse de franches allures mudéjares teintées de gothique.

L'intérieur est également très marqué par le style musulman. Le palais est situé au cœur d'un superbe parc de 30 ha, doté d'un **jardin paysagé à l'anglaise** du XVIIIe siècle, mais aussi de jardins japonais et mexicain.

Rua Visconde de Monserrate • B 435 depuis la gare de Sintra ou centre-ville • parquesdesintra.pt • 219 237 300 • tlj 10h-18h jsq 23 mars, 9h30-19h après 23 mars, fermé 25 déc et 1er jan • adulte 8 €, enfant (6-17) 6,50 € ON Y VA ! ☐

LES PLAGES

Situation géographique oblige, l'histoire de Lisbonne est depuis sa naissance intimement liée à l'océan. Conséquence de cette étroite relation millénaire, les Lisboètes adorent se prélasser sur du sable fin et chaud et bronzent avec une facilité déconcertante ! Aux alentours de la capitale, deux possibilités s'offrent à vous : les plages de la proche banlieue, accessibles en train (Carcavelos, Estoril ou Cascais), et celles qui nécessitent une voiture pour s'y rendre. Le jeu peut en valoir la chandelle : ce sont les plus belles ! Alors, on va se baigner ?

Costa da Caparica

Située sur la berge Sud du Tage, cette plage vous permettra de traverser le fleuve via le pont du 25 avril : une expérience inoubliable ! Le périple pour vous y rendre peut sembler un peu long, mais il en vaut la peine ; une fois sur place, 17 km de sable fin et des eaux claires vous attendent. En été, un petit train appelé Transpraia permet de vous éloigner de l'environnement urbain des premières plages. Dépaysement assuré, surtout quand on tombe par mégarde sur une plage de nudistes…

Distance depuis Lisbonne : 17 km • B 153 depuis la Praça de Espanha (40 min de trajet pour les premières plages) ON Y VA ! ☐

Hors saison, c'est bien aussi
Dès que le soleil brille franchement sur Lisbonne, n'hésitez pas à prévoir une journée plage. Vous ne vous baignerez pas en février, mais n'en passerez pas moins de très agréables moments. Alors, si la météo le permet, on achète une pelle et un seau et direction le sable chaud !

Carcavelos

Il s'agit de la plage **la plus proche** du centre de Lisbonne. C'est également la **plus grande** de cette partie de la côte accessible en train. De nombreux restaurants et snacks vous y attendent. L'ambiance y est généralement

assez jeune. Les points de location de planche de surf n'y sont pas pour rien ! Un bémol : comptez 15 min de marche depuis la gare.

Distance depuis Lisbonne : 20 km • T Carcavelos (depuis la gare de Cais do Sodré, 20 min de trajet en train, puis 15 min à pied) ON Y VA !

Entre Estoril et Cascais

Entre la ville d'Estoril, connue pour son casino, et Cascais, une ravissante station balnéaire très prisée des touristes, une longue promenade aménagée le long de l'océan offre de **nombreuses petites plages**. Nous vous conseillons de partir d'Estoril et de rejoindre Cascais à pied (1 h environ). Vous choisirez la plage qui vous attire le plus et profiterez d'une belle balade en bord de mer ! Prévoyez une **visite de Cascais**. La vieille ville et ses rues piétonnes méritent une halte. Sur la promenade, les bars, restaurants et vendeurs de glace ne manquent pas. Très agréables hors saison, les plages sont hélas rapidement saturées en juillet et en août.

Distance depuis Lisbonne : 28 km • T Estoril, Monte Estoril ou Cascais (30 min depuis la gare Cais do Sodré) ON Y VA !

Guincho

Cette superbe et immense plage est très venteuse, ce qui fait le bonheur des amateurs de kitesurf et de surf. Location de planche possible sur place.

Distance depuis Lisbonne : 33 km • T Cascais (30 min depuis la gare Cais do Sodré), puis bus depuis la gare (30 min) • accès en voiture recommandée ON Y VA ! ☐

Praia do Meco

La plage du Meco est sûrement l'**une des plus belles** de la région. Après avoir traversé le petit village typique du **Meco** et stationné votre véhicule dans l'un des parkings payants, vous serez frappé par l'immensité de cette étendue sauvage de sable fin. Si vous vous rendez à la plage du Meco, prévoyez de passer par **Sesimbra**, une ravissante ville de pêcheurs.

Distance depuis Lisbonne : 40 km • accès en voiture obligatoire ON Y VA ! ☐

Praia Grande

Cette vaste plage est très populaire parmi les adeptes de **surf** et de **bodyboard**. En cas de mer agitée, pas de panique : à l'extrémité nord, une **piscine d'eau salée** de 100 m de longueur permet aux plus petits de barboter sans danger. Enfin, les amateurs de vestiges préhistoriques seront comblés par les **empreintes de dinosaures** dont les marques bien visibles sont gravées sur la falaise sud de la Praia Grande. En bordure de plage, vous trouverez d'excellents restaurants proposant du poisson grillé, à dévorer sans modération !

Distance depuis Lisbonne : 43 km • accès en voiture obligatoire ON Y VA ! ☐

Portinho da Arrábida

Attention, petit bout de paradis niché au beau milieu d'un **parc naturel protégé** ! Sable fin et blanc, eau transparente d'un "bleu azur de carte postale"... Ça, c'est pour le côté pile. Le côté face n'est pas mal non plus, puisque la riche et dense végétation de la Serra da Arrábida surplombe celle que bien des Portugais considèrent comme la plus belle plage du pays.

Notre conseil À éviter en haute saison. Beaucoup trop de monde pour de faibles capacités de stationnement et un accès unique très vite congestionné. Descendre en voiture jusqu'à la plage peut se révéler un enfer. En remonter également !

Distance depuis Lisbonne : 45 km • accès en voiture obligatoire ON Y VA ! ☐

Glaglagla, c'est l'Atlantique !
Ne vous attendez pas à des températures de l'eau méditerranéennes. À Lisbonne, les courants sont plutôt froids. Les amateurs de bain de mer en Bretagne ne seront pas dépaysés...

Ericeira

Charmant **village de pêcheurs** en bordure de falaises plongeant dans l'océan, Ericeira dispose de plages très appréciées des **surfeurs** locaux. Les vagues y sont consistantes et puissantes, notamment à Ribeira d'Ilhas ou Pedra Branca. Petit hic : les fonds sont rocheux et demandent une certaine prudence. Si vous vous rendez à Ericeira, poussez jusqu'au superbe cap nommé **Cabo da Roca**, point le plus occidental d'Europe.

Distance depuis Lisbonne : 50 km • accès en voiture obligatoire ON Y VA ! ☐

PESTACLES

Il est impossible d'évoquer Lisbonne sans parler du fado, ce style musical portugais qui imprègne les petites ruelles d'Alfama et du Bairro Alto. Ne vous attendez pas à des rythmes entraînants qui ressembleraient au flamenco espagnol. Le fado, c'est avant tout des chants populaires explorant toutes les facettes d'un sentiment typiquement portugais, la saudade, une sorte de nostalgie mélancolique proche du spleen baudelairien. Le fado, notamment celui de Lisbonne, parle donc de tristesse, d'exil, d'amour perdu, bref, d'un tas de choses de la vie pas vraiment joyeuses...

Les origines du fado

Il est difficile de définir avec précision les origines du fado. Il est probable qu'il ait pour ancêtre des chants populaires qu'entonnaient les marins portugais au début du XIXe siècle.

Les fadistes

Ce sont les interprètes de ces chants empreints de saudade. Ils appartiennent aux deux sexes, mais, de nos jours, le fado est à Lisbonne principalement entonné par des femmes. Leur habit traditionnel ? Une robe noire portée avec un air grave, histoire de bien faire comprendre qu'on n'est pas là pour rigoler... Les chanteurs et chanteuses sont le plus souvent accompagnés d'une simple guitare portugaise, à 12 cordes. Une guitare triste, évidemment !

Les légendes du fado

Si l'on ne devait retenir qu'une chanteuse, il s'agirait d'**Amália Rodrigues** (1920-1999), la légende lisboète qui a popularisé le fado hors des frontières portugaises. Ses cendres reposent au Panthéon et le jour de sa mort, le pays s'est arrêté pour suivre la messe qui s'est tenue à la basilique d'Estrela. Parmi les hommes, citons **Carlos do Carmo** ou **João Braga**, aux textes très poétiques. Enfin, pas question d'oublier **Mariza**, une jeune Portugaise dans le vent et bien partie pour assumer la relève d'Amália.

Voir un spectacle de fado

Le fado, qu'il soit populaire ou plus soigné, se chante dans des restaurants dédiés. Pendant que les interprètes sont en action, le public pose ses couverts et écoute religieusement, en silence. Pas question de commander quoi que ce soit pendant les tours de chant, qui durent une quinzaine de minutes et s'enchaînent toute la soirée. C'est, avouons-le, un spectacle qui n'est pas vraiment fait pour de jeunes enfants. Voici nos adresses préférées.

Tasca do Chico

Un fado populaire et sans prétention, en dégustant un bon chorizo grillé (voir p. 163).

Clube de fado

Un fado bien plus raffiné et des voix soigneusement sélectionnées. Dans ce restaurant au cadre chic, c'est un véritable spectacle qui vous attend à deux pas de la cathédrale (voir p. 159).

A Baiuca

Un autre antre de fado populaire en plein cœur d'Alfama, où règne une ambiance décontractée et familiale (voir p. 160).

Le fado dans la rue

Tendez l'oreille si vous vous baladez ou si vous dînez dans Alfama pendant les fêtes de Santo António (p. 17), car on peut entendre un peu partout des notes empreintes de saudade.

De Restauradores à Alfama

Cet amusant jeu de piste va vous permettre de parcourir en vous amusant les quartiers du Rossio, de la Baixa et d'Alfama, soit le cœur du centre-ville historique de Lisbonne. À vos marques, prêts, partez !

durée : environ 2h
(hors pauses shopping ou repas)
réponses p. 209

Le jeu démarre **Praça dos Restauradores**, au métro du même nom. Rejoignez le **centre de la place** et observez l'**obélisque**. Derrière la **statue ailée portant une lance**, une date est inscrite.

Quelle est cette date ? ____________

Aujourd'hui fériée, cette date célèbre la victoire du Portugal sur l'Espagne, après 60 ans d'occupation (1580-1640). Les hostilités entre ces deux frères ennemis ont duré pendant 28 ans, entre 1640 et 1668. Le Traité de Lisbonne, signé en 1668 par Afonso VI et Carlos II d'Espagne, a reconnu l'indépendance totale du Portugal et mis un terme à ce très long conflit connu sous le nom de guerre de Restauration.

Tournez maintenant le **dos à la statue** et regardez devant vous sur votre droite. Vous allez apercevoir la façade d'un hôtel, il s'agit de l'**Avenida Palace**. Au rez-de-chaussée se trouve une **boutique de souvenirs** dont la devanture est représentée par les couleurs du drapeau portugais.

Question 2

Quelles sont ces couleurs ?
__________ et __________

Poursuivez sur le même trottoir. Juste après le **café Starbucks**, sur la droite, se trouve un très **beau monument** qui ressemble à un palais. Entrez-y pour découvrir sa fonction.

Question 3

À quoi sert ce bâtiment ? __________

En ressortant de l'édifice, vous apercevrez au loin le **Castelo São Jorge**. En regardant dans sa direction, vous pouvez voir une **grande place** avec **deux fontaines** et une **colonne** où trône une statue.

Question 4

À qui cette statue est-elle dédiée ?

____

Ce souverain portugais surnommé le “Roi Soldat” avait une double casquette : il a été roi du Portugal (entre mars et mai 1826) et premier empereur du Brésil (sous le nom de Pedro I) entre 1822 et 1831. La raison de son règne portugais extrêmement court est simple : il lui était impossible d'être à la fois le roi du Portugal et celui du Brésil. Il a donc renoncé à son trône au profit de sa fille aînée Maria II.

Tournez ici aussi le **dos à la statue** et cherchez devant vous, légèrement à gauche, une grande rue piétonne. C'est la **Rua Augusta** dans laquelle vous devez vous engager. Au **premier croisement à droite**, vous verrez une immense **tour en métal**. Il s'agit de l'ascenseur *(elevador)* da Santa Justa.

Rapprochez-vous de sa base et repérez une **plaque** où figurent des informations. C'est écrit en portugais mais la réponse est facile à trouver.

Question 5

Qui a construit cet ascenseur ?

____

Retournez maintenant sur vos pas et reprenez votre chemin sur la **Rua Augusta**, en direction de la grande horloge de l'**Arc de triomphe** qui se trouve à l'extrémité de la rue. À l'angle de la **Rua da Vitória** du côté droit, en face de l'**hôtel Duas Nações**, se trouve une grande boutique presque toute rouge, celle du principal club de football du Portugal : le **Sport Lisboa e Benfica** !

Question 6

L'emblème du club est un animal : quel est-il ? ______________________

Le Sport Lisboa e Benfica est le club de foot le plus populaire du pays. Son stade se situe dans le quartier de Benfica, au nord de Lisbonne. Le Benfica comptait en 2014 quelque 235 000 supporters, ce qui faisait de lui "le plus grand club du monde". Son ennemi préféré est le FC Porto. Cet emblème mythique a remporté 35 fois le championnat portugais et la Ligue des Champions à deux reprises.

Continuez votre chemin jusqu'au **123 de la Rua Augusta**. Observez le sol autour de vous et recherchez une inscription.

Question 7

Qu'est-il écrit au sol ?

____

Cette inscription est réalisée en *calçada portuguesa*, le nom donné à ces jolis petits pavés en calcaire noir et blanc qui ornent les trottoirs de Lisbonne et de nombreuses autres villes du pays. Cette technique de revêtement des sols a fait son apparition au XIXe siècle. On la retrouve dans tous les pays lusophones, notamment sur certains trottoirs au Brésil.

Poursuivez sur la **Rua Augusta,** passez sous l'**Arc de triomphe** (Arco do Triunfo) et rejoignez la **Praça do Comércio**. Arrivés sur la place, retournez-vous et observez attentivement l'Arc. À son sommet, une **statue** tient quelque chose au-dessus de la tête de deux autres statues.

Question 8

De quoi s'agit-il ?

____

La construction de cet Arc de triomphe a été décidée en 1759, à la suite du grand tremblement de terre de 1755 qui a complètement ravagé la Praça do Comércio, où se trouvait alors le Palais royal. Sa configuration actuelle date cependant de 1873. Les sculptures, qui se trouvent au sommet du monument, représentent la Gloire, couronnant le Génie et la Valeur.

Placez-vous au pied de la grande **statue équestre**, au centre de la place, un hommage au Roi José I de Portugal (1714-1777) surnommé le Réformateur. Regardez attentivement la **plaque** située sur la base, sur laquelle figure une inscription.

Question 9

Quelle langue a été utilisée ?

____

Traversez la rue pour gagner le bord du fleuve et découvrir l'**estuaire du Tage**. Sur votre droite, vous apercevrez le **pont 25 de Abril** et une grande statue du Christ, le **Cristo Rei** (p. 111)

> Si vous avez la sensation que ce pont de 2,2 km de long pour 70 m de haut vous dit quelque chose, c'est normal : il s'inspire très largement du mythique Bay Bridge reliant San Francisco à Oakland, en Californie.

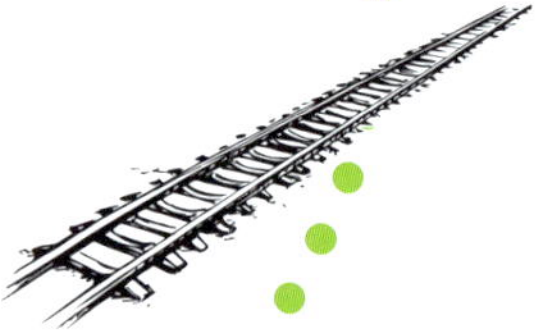

Revenez maintenant sur vos pas et reprenez la **Rua Augusta** dans l'autre sens. Prenez la **3e rue à droite**, celle où passent les rails du tramway.

Question 10

Quel est le nom de cette rue ?

____

> La ligne du tramway 28, *eléctrico* en portugais, est un moyen de transport incontournable pour les habitants d'Alfama. Ce pittoresque quartier est en effet constitué de petites ruelles escarpées dans lesquelles les bus ne peuvent tout simplement pas circuler ! Les tramways actuels, reconnaissables à leur couleur jaune, datent de 1930.

Empruntez cette rue. Arrivés au croisement avec la **Rua dos Fanqueiros**, vous verrez une grande boutique qui vend des bouteilles de vin. Regardez comment elle s'appelle.

Question 11

À quel empereur français son nom fait-il référence ?

____

Continuez dans la **Rua da Conceição**. Vous allez passer devant une église, à l'angle de la **Rua Madalena**. Préparez-vous ! Ça commence à grimper ! Une dizaine de mètres **après l'église**, vous verrez une **petite place**, côté gauche, où se trouve une autre église, celle de **Santo António** (p. 56), le **musée** (p. 57) qui lui est consacré et une **statue** à son effigie.

Question 12

Que tient-elle dans ses bras ?

____

On prête de bien mystérieux pouvoirs à Santo António (saint Antoine de Padoue), le saint préféré des Lisboètes. Notamment celui de garantir des mariages heureux et fertiles. C'est pourquoi les jeunes mariés, le jour des noces, viennent déposer des fleurs et prier dans l'église qui porte son nom.

Pénétrez dans l'église et admirez ses richesses, notamment cette magnifique **statue d'une femme endormie**, côté droit juste après l'entrée, qui vaut à elle seule de découvrir ce lieu saint. En ressortant de l'église, sur son parvis, vous verrez un aliment sur le côté gauche, stocké dans des **caisses en carton**.

Question 13

Quel est cet aliment ? ________________

Dirigez-vous maintenant vers la **cathédrale Sé** (p. 61) qui ressemble à un château fort.

Question 14

Placez-vous au niveau du **kiosque jaune** qui vend des boissons côté droit et regardez bien la façade de l'édifice.

Combien de gargouilles voyez-vous ? ________

> Savez-vous à quoi servent les gargouilles, à part orner les façades des cathédrales avec ces statues de créatures monstrueuses ? Tout simplement à écouler les eaux de pluie ! Eh oui, les gargouilles sont à l'origine de vulgaires gouttières ! Reconnaissez qu'à l'époque, elles avaient un certain style. Lorsqu'elles ne sont que décoratives, on les appelle des chimères.

Question 15

Entrez dans la cathédrale et allez tout au fond, au centre. Placez-vous **face à l'autel**.

Combien comptez-vous de chandeliers suspendus ? ________

Question 16

Pour ressortir de la cathédrale, empruntez l'**allée à droite** et cherchez une **petite pièce fermée** par une **vitre** où sont exposés des vêtements religieux.

Combien de curieux chapeaux voyez-vous ? ________

En ressortant, placez-vous face à la cathédrale et prenez la petite rue à droite nommée **Les Cruzes da Sé**, qui est bordée d'orangers. La rue devient ensuite la **Rua São João da Praça**. Vous venez d'entrer dans le pittoresque quartier d'**Alfama** !

Continuez dans cette rue jusqu'à trouver un panneau où est indiqué **Clube de Fado**, sur le trottoir de gauche. Petite info entre nous, c'est dans la maison située juste à côté que l'auteur a écrit le guide que vous tenez entre vos mains.

Question 17

Quel est le numéro de la porte où sont affichés les menus ? __________

Continuez jusqu'au **23**. Vous allez voir un mur blanc décoré avec une **fresque dédiée au fado**.

Question 18

Combien de guitaristes voyez-vous ?

____

Le fado se joue avec une guitare dotée de 12 cordes au lieu des six habituelles. Descendant du cistre, une sorte de mandoline dont elle a conservé la forme arrondie, elle est appelée *guitarra* alors que la guitare classique porte le nom de *viola*. Il existe deux modèles, celui de Lisbonne et celui de Coimbra. Chacune a un diapason différent.

Continuez jusqu'au bout de la rue, qui débouche sur une fourche formée de la **Rua de São Miguel** et de la **Rua de São Pedro**. Attention de bien prendre la rue de São Miguel, celle qui part à gauche et non celle qui redescend côté droit. Dans cette ruelle, vous allez trouver de **nombreux restaurants de fado**. L'un d'entre eux fait partie des endroits que nous recommandons.

Question 19

Quel est le nom de ce restaurant ?
(Un indice : son nom commence par un A.)

____

Poursuivez votre chemin jusqu'à l'**église de São Miguel** située sur une petite place. Contournez l'église **par la gauche** et observez sa façade latérale ornée d'un joli **panneau d'azulejos**. Cherchez maintenant autour de vous une **vieille fontaine** qui n'a désormais plus d'eau.

Question 20

Quel est l'étrange animal représenté sur cette fontaine ? ____________________

Retournez maintenant sur vos pas dans la **Rua São João da Praça**. Arrivés au **55**, prenez à gauche dans une minuscule ruelle, la **Travessa São João da Praça**, qui descend en passant sous de belles arches. Arrivés en bas, prenez à droite et avant d'arriver sous le passage qui rejoint la **Rua dos Bacalhoeiros**, observez le **panneau en pierre** en relief apposé sur le mur.

Question 21

Qu'est-ce qui est représenté sur ce panneau ? ____________________

Arrivée

Le jeu est terminé ! Vous êtes à présent dans la **Rua dos Bacalhoeiros**, à une dizaine de minutes de marche de l'**Arc de triomphe** (Arco do Triunfo).

Du Chiado au Bairro Alto

Grâce à ce jeu de piste, vous allez découvrir le quartier du Chiado, le plus chic de Lisbonne, et celui du pittoresque Bairro Alto, dont les ruelles accueillent tous les week-ends les Lisboètes en quête d'activités nocturnes. Préparez-vous à une divertissante promenade !

durée : environ 2 h
(hors pauses shopping ou repas)
réponses p. 209

Votre jeu de piste démarre au pied de la **Rua do Carmo**, à l'extrémité sud de la **Praça Dom Pedro IV** (M Rossio) au niveau du Burger King. Dès que vous aurez trouvé ce point de départ, remontez la **Rua do Carmo** et dirigez-vous vers le **n° 87B** jusqu'à une magnifique et très ancienne boutique.

Que vend cette boutique ?

En remontant, à peu près à hauteur du **n° 54**, vous découvrirez un **très vieux véhicule de couleur verte**.

Que trouve-t-on dans cette camionnette ?

Rendez-vous maintenant à l'angle de la **Rua do Carmo** et de la **Rua Garrett**. Observez la très belle façade **des Armazéns do Chiado**, un petit centre commercial où vous pourrez faire quelques emplettes. Mais avant, regardez le sommet de la façade où flottent des drapeaux.

Question 3

Quel est le drapeau situé à côté du drapeau européen ?

____

Le quartier du Chiado a été entièrement ravagé en 1988 par un gigantesque incendie qui a débuté dans les grands magasins de la Rua do Carmo. Sa reconstruction a pris des années, ce qui se comprend. Tout été refait à l'identique !

Remontez la **Rua Garrett**, une rue très commerçante, et prenez la première à droite, la **Calçada do Sacramento**. Vous allez passer devant une petite église côté gauche, l'**Igreja do Santíssimo Sacramento**.

Question 4

Combien de fenêtres se trouvent au-dessus de la porte d'entrée ? ______

Allez au bout de la rue, jusqu'à une petite place, le **Largo do Carmo**, où se trouvent les ruines du **Convento do Carmo** (p. 46) et son musée d'archéologie. Dirigez-vous au pied de la **fontaine centrale**. Au sommet de cette fontaine, sur ses quatre côtés, vous verrez un objet répété à quatre reprises.

Question 5

Quel est cet objet ? ________________

La place sur laquelle vous vous trouvez est celle qui héberge le Convento do Carmo, enfin ce qui reste de ce couvent détruit par le tremblement de terre de 1755. Sa reconstruction était prévue, mais a finalement été abandonnée au XIXe siècle.

Cherchez maintenant autour de vous le musée de la **Guarda Nacional Republicana**, la gendarmerie portugaise. Il est facilement reconnaissable à ses guérites situées autour de la porte principale.

Question 6

De quelles couleurs sont-elles ?

____

Si vous visitez ce musée de la gendarmerie, vous découvrirez une passionnante exposition consacrée à la Révolution des œillets du 25 avril 1974 et au rôle essentiel joué par l'armée pour mettre fin à la dictature de l'État Nouveau du tristement célèbre Salazar. N'hésitez pas à y entrer, son accès est gratuit !

Contournez maintenant les ruines du **Convento do Carmo** par la droite. La vue sur le château y est très belle. Reprenez la **Calçada do Sacramento** en sens inverse. En bas, prenez à droite dans la **Rua Garrett** et recherchez la **librairie Bertrand**. C'est la plus vieille du Portugal. Observez bien la façade de la librairie.

Question 7

Quelle est l'année de son ouverture ?

____

Pour les Portugais, le doute n'est pas permis. Cette librairie est la plus vieille du pays, mais aussi du monde entier ! Nous n'y mettrions pas notre main à couper, mais admettez qu'une librairie âgée de presque trois siècles, ça ne court pas les rues !

Poursuivez à présent jusqu'au **120/122 de la Rua Garrett**. Vous allez y découvrir un très **célèbre café** qui a ouvert ses portes il y a plus d'un siècle. Ne soyez pas surpris de voir des gens se faire prendre en photo avec une statue.

Question 8

Quel est le nom de ce café ?

____

Fernando Pessoa est un monument de la littérature lusophone. Poète romantique et tourmenté, il a illuminé son siècle (le début du XXe siècle) de son génie mélancolique. *Le Livre de l'intranquillité* est son œuvre maîtresse. Il a beaucoup fréquenté ce café, d'où la présence de sa statue en hommage.

Continuez votre chemin sur le même trottoir et traversez la **Rua Nova da Trindade**. Vous êtes maintenant au **Largo do Chiado**, où **deux églises** se font face. Entrez dans celle de droite, celle à laquelle on accède en grimpant quelques marches.

Le Chiado est un quartier culturel par excellence, une sorte de Saint-Germain-des-Prés version lisboète ! Depuis toujours, il accueille dans ses cafés poètes, écrivains et polémistes pour des *tertulias* (débats thématiques) enflammées.

Il s'agit de **Nossa Senhora do Loreto,** surnommée l'église des Italiens. Au fond à droite, vous découvrirez la statue d'**une femme portant un enfant** dans ses bras. Il s'agit d'une sainte.

Question 9

Complète son nom :
Nossa Senhora do ________________

En ressortant de l'église, lisez attentivement la **plaque** fixée côté droit.

Question 10

En quelle année l'église a-t-elle été fondée ? ______

Sortez de l'église par la droite, puis prenez à votre droite la **Rua da Misericórdia**. Recherchez maintenant le **n° 75** et la boutique gourmande qui s'y trouve.

Question 11

Que vend cette boutique ?

____

Après vous être peut-être régalés, continuez votre chemin sur le même trottoir, en direction de l'église qui se trouve en face de vous, sur une petite place, le **Largo Trindade Coelho**. Il s'agit de l'**Igrega São Roque** (p. 76). On dit souvent que c'est la plus riche des églises de Lisbonne. Entrez à l'intérieur, vous allez comprendre pourquoi elle a une telle réputation et en prendre plein les mirettes !

L'église São Roque est bien plus qu'un lieu saint d'une richesse exceptionnelle renfermant en son sein plus d'or que le coffre-fort de l'Oncle Picsou en personne ! Il s'agit également d'un intéressant musée où sont exposées quelques pièces ecclésiastiques de grande valeur. Si vous avez le temps, jetez un coup d'œil à cette collection bénie. Une curiosité : la chapelle a été érigée à Rome, puis transportée au Portugal !

À l'intérieur, cherchez dans l'allée de droite la **statue d'un homme allongé**, dans une sorte de cercueil vitré.

Question 12

De qui s'agit-il ?

____

En ressortant de l'église, **prenez à droite** et continuez votre route. Attention, la rue s'appelle maintenant **Rua São Pedro de Alcântara**. Vous allez à présent passer devant le terminus d'un vieux funiculaire jaune, l'**ascensor da Glória** (p. 35), avant de rejoindre un petit jardin qui porte le nom de **Miradouro de São Pedro de Alcântara** (p. 39).

Ce vieux funiculaire n'est pas le seul de Lisbonne. Au cours de ce jeu de piste, vous allez en découvrir un autre. Il y en a trois en tout. Rien de plus normal dans une cité que l'on appelle la ville aux sept collines ! Mis en service en 1885, il fonctionnait alors avec un système de va-et-vient à deux voitures mises en mouvement par contrepoids d'eau. Chaque véhicule disposait d'un réservoir. Celui-ci était rempli en station amont pour alourdir le poids de la voiture descendante, puis vidé en station-aval. Puis il fonctionna à la vapeur avant d'être électrifié en 1914.

Depuis ce belvédère, observez la **vue sur le château**, c'est l'une des plus belles de Lisbonne, et recherchez une **vieille carte du centre-ville** réalisée en azulejos. Sur le coin inférieur droit de cette carte, vous verrez un **bateau** sur lequel trônent **deux animaux**, un à chaque extrémité du navire.

Question 13

De quel animal s'agit-il ?

____

Selon la légende, le tombeau de saint Vincent aurait été transporté par bateau de l'Algarve à Lisbonne en 1173. Et ce sont ces deux animaux qui auraient guidé le navire à bon port.

Poursuivez votre chemin en prenant à droite du belvédère. Attention, la rue change de nouveau de nom et s'appelle à présent **Rua Dom Pedro V**. Continuez jusqu'à déboucher sur un charmant petit jardin : le **Jardim do Príncipe Real**. À côté du petit jardin d'enfants, vous allez trouver l'entrée d'une immense citerne d'eau souterraine qui se visite.

Question 14

Quel est le nom de cette citerne ?

____

Cette citerne souterraine a été construite à la fin du XIXe siècle. Elle alimentait en eau toute la ville basse de Lisbonne. Elle a fonctionné jusqu'en 1949, avant d'être transformée dans les années 1990 et ouverte au public (p. 74).

Contournez maintenant la fontaine, passez sous le **cyprès centenaire** qui déploie ses drôles de branches sur un diamètre de 20 m et cherchez la **statue d'une femme** regardant en direction du portrait d'un homme, également **sculpté dans un médaillon**. Faites-en le tour en observant attentivement le sol. Une date y est inscrite en petits pavés noirs.

Question 15

Quelle est cette date ?

Ressortez du jardin en revenant sur vos pas, mais au lieu d'emprunter le même chemin (Rua Dom Pedro V), prenez la **Rua de O Século**, qui redescend sur la droite. Au **123** de cette rue située en plein Bairro Alto se trouve un **ancien couvent**, dont nous conseillons la visite pour la beauté de ses azulejos.

Question 16

Quel est le nom de ce couvent ?

Le Bairro Alto est un peu comme le Docteur Jekyll et son double maléfique Mister Hyde. Le jour, ce quartier tranquille semble endormi et il y règne un calme olympien. Mais la nuit, ses innombrables bars ouvrent leurs portes et accueillent des hordes de noctambules en quête de divertissement.

Continuez à descendre cette rue jusqu'à tomber sur un **magnifique immeuble en azulejos vert**, qui fait l'angle côté gauche avec une petite place. Regardez en direction de la **fontaine**, située au centre de la place.

Question 17

Que voyez-vous en arrière-plan, au-dessus de la fontaine ?

Poursuivez jusqu'au bout de la rue, traversez et **prenez à gauche** dans la **Calçada do Combro**, puis tournez dans la première rue à droite, la **Rua Marechal Saldanha**.

Question 18

Au bout de cette petite rue, côté droit, se trouve un **petit palais jaune**. Il s'agit d'un musée.

De quel musée s'agit-il ?

____

Au bout de cette rue, après le musée, vous allez tomber sur le splendide **Miradouro de Santa Catarina**, qui jouit d'une vue splendide sur le Tage, le Cristo Rei et le pont 25 de Abril. Rendez-vous sur le **belvédère** et partez à la recherche d'une **statue** un peu étrange, la seule du petit jardin. Regardez la plaque qui est fixée dessus. Le premier mot est le nom de la statue.

Question 19

Comment s'appelle-t-elle ?

____

L'effrayant personnage représenté par cette statue est également surnommé le Géant des tempêtes. Il s'agit de l'esprit du Cap des orages (le cap de Bonne-Espérance, en Afrique du Sud), popularisé par Luís de Camões dans ses *Lusiades* : "Ne me défiez pas, car je suis le promontoire immense et ténébreux que vous autres Portugais nommez cap des Tempêtes."

Refaites maintenant le même trajet en sens inverse pour revenir sur la **Calçada do Combro** et prenez à droitc. Quelques mètres plus loin, vous arrivez au niveau de la **Rua da Bica de Duarte Belo**. C'est le terminus d'un moyen de transport typique de Lisbonne.

Question 20

Quel est ce moyen de transport ?

____

Ce moyen de transport existe depuis... 1892 ! Voilà donc plus d'un siècle que les habitants du très pittoresque quartier de Bica grimpent la rue grâce à lui. C'est au Français Raoul Mesnier du Ponsard que l'on doit l'invention du système de câble qui permet son fonctionnement.

Continuez votre chemin jusqu'au **41 de la Calçada do Combro**, où se trouve un magasin de souvenirs à la devanture très particulière.

Question 21

Que remarquez-vous ?

____

Poursuivez sur le même trottoir jusqu'à la **Praça Luís de Camões**, du nom du célèbre poète classique portugais. Une **statue** à son effigie trône au centre de la place. Sur sa base, vous verrez d'autres statues, plus petites, représentant de grandes figures de l'histoire portugaise.

Question 22

Combien de statues se trouvent à la base de la statue de Luís de Camões ?

_____

Luís de Camões (1525-1580), né et mort à Lisbonne, est le plus grand poète classique portugais. Ses *Lusiades* sont étudiées par tous les écoliers du pays. C'est un peu le Shakespeare local, même si comparaison n'est pas raison. À l'image de *L'Iliade* et de *L'Odyssée* pour la Grèce, *Les Luisades* (1572) glorifient le destin du jeune Empire portugais.

Traversez à présent la rue en direction du **Largo do Chiado**, la petite place où deux églises se font face. Vous avez déjà visité celle des Italiens (sur votre gauche). Entrez à présent dans celle qui se trouve à votre droite, l'**Igreja da Nossa Senhora da Encarnação**. Admirez ses superbes peintures et ornements, puis observez la **magnifique fresque du plafond**, notamment son personnage central, vêtu de vert et de rouge.

Question 23

Que porte-t-elle dans son dos ?

____

Votre escapade ludique s'achève en plein cœur du Chiado. Contrairement à ce que l'on pourrait croire, le quartier ne doit pas son nom à un poète ou à un écrivain, mais au patron d'une taverne qui, au XVIe siècle, était installée en face des actuels Armazéns do Chiado.

Vous êtes à présent au niveau du métro Baixa-Chiado. Si vous souhaitez poursuivre à pied, vous pouvez redescendre la **Rua Garrett** et rejoindre la ville basse.

MENU
MENU

Quand est-ce qu'on mange ?

La cuisine portugaise est très copieuse, notamment dans les restaurants populaires. La plupart des établissements proposent d'ailleurs deux formats de plat : la dose et la demi-dose (*dose* et *meia dose*). Cette dernière suffit à satisfaire l'estomac du commun des mortels, étant entendu que les ados dotés d'un solide coup de fourchette ne font pas partie de cette catégorie ! Dans certains endroits, un adulte et deux enfants peuvent parfaitement se partager une dose, ou deux bambins une demi-dose. Vous constaterez que l'offre de restaurants, de pâtisseries et de cafés est extrêmement dense à Lisbonne. Les Portugais ont en effet la culture du repas pris dehors chevillée au corps et le restaurant du dimanche midi est toujours une tradition familiale très vivace. De la même façon, c'est dans un café que les Lisboètes prennent le plus souvent leur petit déjeuner. Cela explique le bon rapport qualité-prix pratiqué. Attention toutefois, le pain, le beurre, les olives et les amuse-bouche que l'on vous propose en entrée sont facturés si vous les consommez.

LES PLATS TRADITIONNELS

Voyager, c'est aussi découvrir de nouvelles saveurs et goûter des plats typiques. La cuisine portugaise est largement méconnue en France, et ce voyage sera pour vous l'occasion de faire l'expérience d'une gastronomie des terroirs qui n'a pas grand-chose à envier à celle de l'Hexagone, si ce n'est sa variété. Une constante à Lisbonne et dans le reste du Portugal : ne parlez pas de cuisine au beurre à un Portugais. Au pays de Cristiano Ronaldo et de Fernando Pessoa, l'huile d'olive est reine ! Voilà une petite sélection des plats les plus traditionnels.

Bacalhau : si l'on ne devait choisir qu'un plat typique, ce serait la morue. Grillée et arrosée d'huile d'olive (*bacalhau a lagareiro*), à la crème et gratinée (*com natas*) ou mélangée avec des pommes de terre râpées, puis frites, et de l'oignon (*a brás*), la morue, c'est toujours bon ! Un dicton portugais dit d'ailleurs qu'il existe 365 recettes de morue différentes, soit une par jour si nos calculs scientifiques sont exacts.

Sardines : entre juin et septembre, les sardines sont à la carte de tous les restaurants lisboètes. Normal, c'est la pleine saison ! Ce sont de grosses sardines bien juteuses, servies avec des pommes de terre à l'eau et une salade de tomates et de poivrons. Hors saison, les sardines sont congelées, mais tout aussi bonnes ou presque. Plus généralement, il y a à Lisbonne une grande culture du poisson, que l'on grille comme nulle part ailleurs en Europe.

Bitoque : un plat que vos enfants devront apprendre à prononcer dès le premier jour. *Bi-to-que*, rien de plus simple ! Il s'agit du steak/frites local, recouvert d'un œuf sur le plat, et en général accompagné de riz blanc, en plus des frites...

Arroz de peixe, arroz de marisco : si le riz au poisson et le riz aux fruits de mer sont des spécialités du sud du Portugal, on les retrouve néanmoins fréquemment à la carte des restaurants lisboètes. Ce sont des plats de riz à la sauce tomate et à la coriandre fraîche, où baigne une sélection de poissons (*peixe*) ou de fruits de mer (*marisco*). En général copieux, ils sont à partager en famille.

Cozido à portuguesa : en hiver, rien de mieux qu'un bon *cozido* pour se réchauffer et se remettre en selle. Le *cozido* est le pot-au-feu local, à base de choux, pommes de terre, carottes, navets, viande de porc et saucisses fumées. Accompagné de riz, car au Portugal, tout est accompagné de riz.

Caldo verde : au Portugal, la soupe est une véritable tradition. Quelle que soit la saison, vous trouverez une soupe du jour à la carte de tous les restaurants populaires. Le *caldo verde* est probablement la plus connue. Il s'agit d'une soupe à base de chou, mouliné ou finement taillé, accompagnée de rondelles de chorizo. À noter, le chorizo portugais (*chouriço*) ne pique pas.

Pastel de nata : certains Portugais assurent qu'il s'agit d'une pâtisserie "légère"... Ils mentent. C'est évidemment une bombe calorique, mais comment résister à ce petit flan à la crème dans une pâte feuilletée qui vous fait de l'œil dans tous les cafés de Lisbonne ? N'essayez pas, c'est impossible. À déguster de préférence tiède, ce qui n'est pas si courant.

Queijada de Sintra : si vous visitez l'adorable ville de Sintra, il vous faudra absolument goûter la pâtisserie locale, la *queijada*, une délicieuse tartelette au fromage frais. Vous penserez à votre régime à la fin de votre séjour !

LES RESTAURANTS

Voici nos adresses préférées pour petits et grands gourmands. Nos coups de cœur sont signalés par un DELICIOSO qui veut dire “c'est bon” en portugais.

Et voici deux symboles pour vous permettre de repérer facilement les restaurants qui chouchoutent plus particulièrement les *crianças* !

B Chaise haute pour bébé
C Plat enfant

BAIXA ET CHIADO

RESTAURANTS

Atira-te ao Rio *(portugais)*
Rua do Ginjal, 69, Almada • M Cais Sodré + ferry Transtejo, direction Cacilhas • atirateaorio.pt • 212 751 380 • tlj 12h30-23h
B Plan p. 42-43 1 B5
DELICIOSO
Nous vous recommandons ici plus qu'un simple restaurant. Nous vous proposons en effet de... traverser le Tage en bateau ! Et pour une somme modique, puisque des ferrys déversent chaque jour des habitants de la rive sud venant travailler à Lisbonne. À Cacilhas, la destination, trouver son chemin est très facile : il suffit de suivre la voie piétonne qui longe le Tage en direction du pont 25 de Abril. Au bout de cette promenade, deux restaurants, dont le Atira-te ao Rio (“jette-toi dans le fleuve”). Vous y trouverez les grands classiques portugais, dont un excellent poisson grillé. Au coucher du soleil, le panorama est divin.
Plat 15 €, dessert 5 €

Ponto Final *(international)*
Rua do Ginjal, 72, Almada • M Cais Sodré + ferry Transtejo, direction Cacilhas • 212 760 743 •
me-lu 12h30-16h et 19h-23h
B Plan p. 42-43 2 B5
Le Ponto Final propose une cuisine internationale. Pour l'accès, voir le restaurant Atira-te ao Rio (descriptif ci-dessus) car les deux sont l'un à côté de l'autre.
Plat 16,50 €, dessert 5 €

Mercado da Ribeira
(ensemble de restaurants)
DELICIOSO
Avenida 24 de Julho, 481 • M Cais Sodré • tlj 11h30-0h (je-sa 2h)
Plan p. 42-43 3 B3
Le Mercado da Ribeira est un ancien marché couvert reconverti en immense halle, constituée de nombreux restaurants. Mieux encore, c'est un vrai concept, un pari un peu fou, qui réunit quelques grands noms de la restauration portugaise. On y mange sur de grandes tables en bois des spécialités locales pour un prix très abordable. C'est l'un de nos endroits préférés.
Plat 10 €

Café no Chiado *(portugais)*
Largo Picadeiro, 10-12 • Ⓜ Baixa-Chiado • cafenochiado.com • 213 460 501 • tlj 10h-2h
B Plan p. 42-43 4 D2
À deux pas de la place du Chiado, ce petit restaurant situé dans une rue calme propose une cuisine portugaise simple dans un décor agréable. Le midi, ses tables sont très prisées par les Lisboètes travaillant dans le quartier. La grande terrasse dont l'établissement dispose n'y est pas pour rien !
Plat 12,50 €, dessert 5 €

Cerverjaria Trindade *(portugais)*
Rua Nova da Trindade, 20C • Ⓜ Baixa-Chiado • cervejariatrindade.pt • 213 423 506 • tlj 10h-0h (ve-sa 1h)
B C Plan p. 42-43 8 D1
Proche du Museu Arqueológico do Carmo (p. 46), cette brasserie typique est une institution de la capitale. À découvrir pour la beauté de cet ancien couvent, dont les murs sont recouverts de magnifiques azulejos, et pour ses steaks "à la portugaise", baignant dans la sauce et recouverts du traditionnel œuf sur le plat.
Plat 15 €, dessert 4 €, menu enfant 8,75 €

DELICIOSO

Aqui Há Peixe *(poisson)*
Rua Trindade, 18A • Ⓜ Baixa-Chiado • aquihapeixe.pt • 213 432 154 • ma-ve 12h-16h et 19h-23h, sa-di 19h-23h
Plan p. 42-43 9 D1
Ce restaurant idéalement situé en plein cœur du Chiado propose, comme son nom l'indique ("ici il y a du poisson"), une excellente carte de poissons et de fruits de mer, dans un cadre simple et très agréable. Le riz aux crevettes est excellent, de même que le poisson grillé. Un peu cher, mais la qualité des produits le justifie largement.
Plat 21 €, dessert 5 €

Bacalhoeiro *(portugais)*
Rua dos Sapateiros, 218 • Ⓜ Baixa-Chiado ou Rossio • 213 431 415 • lu-sa 12h-15h et 19h-22h
B Plan p. 42-43 10 E1
Le Bacalhoeiro est une cantine populaire essentiellement fréquentée par les employés travaillant dans le quartier. Une cuisine familiale et typiquement portugaise, dans un cadre simple et généralement animé à l'heure du déjeuner. Bref, c'est le petit resto sympa à côté du bureau, avec des plats du jour pas chers.
Plat 10 €, dessert 3,50 €

Chimarrão *(brésilien)*
Rua do Carmo, 2 • Ⓜ Baixa-Chiado • chimarrao.pt • 210 026 602 • tlj 12h-23h
B C Plan p. 42-43 12 E1
Situé dans le petit centre commercial Armazéns do Chiado,

ce restaurant propose un concept typiquement brésilien : le *rodizio* de viandes grillées. Des serveurs vous proposent toutes sortes de viandes sur d'immenses brochettes et vous servent jusqu'à ce que votre panse déclare forfait ! Les accompagnements et les salades sont également à volonté.
Plat 12,50 €, dessert 4 €, menu enfant 9,50 €

Frango da Guia *(portugais)*
Rua do Carmo, 2 • M Baixa-Chiado • 213 225 112 • tlj 10h-23h
B C Plan p. 42-43 13 E1
Cette chaîne extrêmement populaire au Portugal est connue pour son poulet grillé de Guia (une ville de la région de l'Algarve), que l'on dévore avec des frites et une salade de tomates. Le succès de cette spécialité réside dans l'assaisonnement du poulet, dont la recette est aussi secrète que celle du Coca-Cola !
Plat 8,50 €, dessert 3 €, menu enfant 5,45 €

Rooftop Bar Hotel do Chiado *(sur le pouce)*
Rua Nova do Almada, 114 • M Baixa-Chiado • hoteldochiado.pt • 213 256 100 • tlj 10h30-0h
Plan p. 42-43 14 E1
Ce n'est pas pour l'expérience culinaire que vous choisirez ce bar-snack situé au dernier étage de l'hôtel du Chiado, mais pour la vue exceptionnelle dont jouit sa terrasse. Une sélection de salades et de copieux sandwichs à déguster face au château (p. 64), ça vous dit ? À défaut, vous pouvez y prendre un verre ou un goûter.
Plat 13 €, dessert 4,50 €

Mezzogiorno *(italien)*
Rua Garrett, 19 • M Baixa-Chiado • pizzeriamezzogiorno.com • 213 421 500 • tlj 12h-0h
DELICIOSO
B Plan p. 42-43 15 E1
Une très bonne adresse italienne localisée dans une petite cour intérieure, véritable havre de paix permettant de fuir l'agitation de la très commerçante rue Garrett. Les pizzas au feu de bois sont délicieuses et relativement bon marché. Chose assez rare à Lisbonne : le Mezzogiorno dispose d'une grande terrasse.
Plat 10 €, dessert 4,50 €

India Gate *(indien)*
Rua da Padaria, 18 • M Terreiro do Paço • 213 469 797 • lu-sa 12h-15h et 18h-22h
Plan p. 42-43 17 G2
L'un des meilleurs restos indiens de la ville. Tenu par un couple incroyablement gentil, il propose une carte classique, mais extrêmement raffinée, de plats à base de crevettes, mouton ou poulet, en sauce ou marinés puis grillés dans un four typique (le célèbre tandoori). Un régal pour les amateurs de cuisine indienne.
Plat 10 €, dessert 3 €

Gaúcha *(portugais)*
Rua dos Bacalhoeiros, 28C • M Terreiro do Paço • 218 870 609 • tlj 10h-0h
B Plan p. 42-43 18 G2
Grandes salles, plats du jour bon marché, accueil familial et cuisine du terroir... Voilà ce que vous trouverez dans ce sympathique établissement, fréquenté principalement le midi par des Portugais travaillant dans le quartier.
Plat 8 €, dessert 3 €

Qosqo *(péruvien)*
DELICIOSO
Rua dos Bacalhoeiros, 26A • M Terreiro do Paço • 218 868 061 • ma-sa 12h30-15h et 20h-23h30, di 13h-15h30
Plan p. 42-43 19 G2
Ce petit restaurant ne paie pas de mine, mais on y mange des spécialités péruviennes à se damner. Les ceviches sont absolument délicieux et le thon mi-cuit un véritable délice, avec son accompagnement à base de quinoa. Le patron est un amoureux du Pérou et un vrai passionné de ses produits. Rien ne lui fait plus plaisir que d'expliquer ce qui se trouve dans votre assiette.
Plat 12,50 €, dessert 4 €

Taberna Moderna *(tapas espagnoles et portugaises)*
Rua dos Bacalhoeiros, 18A • M Terreiro do Paço • 218 865 039 • lu 18h-2h, ma-sa 12h-2h
Plan p. 42-43 20 H2
Cette "taverne moderne" est un établissement proposant une sélection de tapas espagnoles et portugaises revisités par un chef inventif, dans un cadre particulièrement raffiné. Les cocktails à base de gin sont son autre marque de fabrique, particulièrement appréciée des Portugais.
Plat 20 €, dessert 6 €, réservation fortement conseillée

Can the Can *(tapas portugaises)*
Praça do Comércio, 82 • M Terreiro do Paço • canthecanlisboa.com • 914 007 100 • tlj 8h-1h (ve-sa 2h)
B C Plan p. 42-43 21 G3
Le Can the Can est le lieu idéal pour un déjeuner en famille. La spécialité de la maison, ce sont les conserves de sardines diversement assaisonnées. À l'huile, à la tomate, piquantes ou non... Notre conseil : goûtez-en le plus possible sur des tartines en partageant différentes saveurs.
Plat 14 €, dessert 5,50 €, menu enfant 10 €

GOÛTERS

Tartine

Rua Serpa Pinto, 15A • Ⓜ Baixa-Chiado • tartine.pt • 213 429 108 • tlj 10h-19h (sa-di 10h)
Plan p. 42-43 5 D2

Une envie de goûter ou d'un solide petit déjeuner durant votre visite du quartier du Chiado ? C'est l'occasion de découvrir Tartine, qui porte bien son nom ! On y déguste, entre autres, d'excellentes pâtisseries dans un décor ravissant. Et le service y est irréprochable.

Pastelaria Benard

Rua Garrett, 104 • Ⓜ Baixa-Chiado • 213 473 133 • lu-sa 8h-23h
B Plan p. 42-43 6 D1

La Pastelaria Benard est un salon de thé un peu vieillot, typique du centre-ville de la capitale portugaise. Si ce genre d'établissement n'est plus aussi en vue qu'autrefois, certains Lisboètes continuent d'y prendre rituellement leur petit déjeuner ou leur goûter.

Pop Cereal

Rua do Norte, 64 • Ⓜ Baixa-Chiado • popcereal.com • 965 444 301 • tlj 9h-0h
Plan p. 42-43 7 C1

Ce petit établissement propose un concept très sympathique. On n'y sert en effet que des céréales, que l'on accompagne évidemment avec du lait. Vous en trouverez de toutes sortes. Avec en prime une décoration très originale. Parfait pour un super petit déjeuner avec les enfants !

Santini

Rua do Carmo, 9 • Ⓜ Baixa-Chiado • santini.pt • 213 468 431 • tlj 13h-0h
Plan p. 42-43 11 E1

Tous les Lisboètes connaissent et apprécient ce glacier historique ! Et pour cause : sa carte est délicieuse. Il s'est d'abord fait connaître à Cascais, avant d'ouvrir un établissement en plein cœur de la capitale. Les glaces sont à se damner et le personnel est très agréable. Éclat de chocolat sur la boule à la vanille : la décoration est adorable, à la limite du kitsch !

Fragoletto

Rua da Prata, 61 • Ⓜ Baixa-Chiado • 213 479 472 • tlj 12h-20h
Plan p. 42-43 16 F2

Situé en plein centre-ville, Fragoletto est considéré comme l'un des meilleurs glaciers de Lisbonne. Les glaces italiennes artisanales y sont en effet délicieuses. Un endroit que l'on recommande pour prendre un goûter rafraîchissant.

ROSSIO ET RESTAURADORES

RESTAURANTS

DELICIOSO

Banana Café *(sur le pouce)*

Avenida da Liberdade, 13 • Ⓜ Marquês de Pombal • 213 026 160 • tlj 9h-2h

Plan p. 52-53 ③ D3

Coup de cœur pour ce kiosque doté d'une terrasse et situé à 100 m de la place Marquês de Pombal. On y mange sur le pouce, mais la carte de sandwichs chauds et de salades est assez raffinée. À accompagner d'un jus de fruits ou d'une limonade maison.

Plat 5 €

Solar dos Presuntos *(portugais)*

Rua das Portas de Santo Antão, 150 • Ⓜ Rossio ou Restauradores • solardospresuntos.com • 213 424 253 • tlj (sf di) 12h-15h30 et 19h-23h

DELICIOSO

Plan p. 52-53 ④ D3

Voici une excellente adresse pour les amateurs de fruits de mer et de poisson. La morue au four est divine, de même que la paella aux fruits de mer. Dans la carte des viandes, la palme revient au chevreau au four, une spécialité typiquement portugaise.

Plat 18,75 €, dessert 5 €

American Music Burger *(américian)*

Rua Alexandre Herculano,6A • Ⓜ Marquês Pombal • musicburguerportugal.com • 215 963 368 • tlj 12h-0h

Plan p. 52-53 ⑥ D2

À quelques pas de la place Marquês de Pombal, ce restaurant met la cuisine américaine à l'honneur dans un cadre lui aussi très typique. Le hamburger et les steaks occupent une place de choix mais les amateurs de plats US ne manqueront pas les fameux *ribs* sauce barbecue, dont la chair fond dans la bouche...

Plat 9€, dessert 4 €

Cinemateca Portuguesa *(portugais)*

Rua Barata Salgueiro, 39 • Ⓜ Avenida • cinemateca.pt • 213 140 429 • lu-sa 12h30-1h

B C Plan p. 52-53 ⑤ A1

Ce petit havre de paix où vous avez très peu de chance de croiser un touriste est situé non loin de la place Marquês de Pombal. Très calme, le restaurant de la cinémathèque jouit d'une grande terrasse agréable quand le mercure grimpe. Vous y dégusterez de très bonnes salades, des burgers ou des plats du jour, dont un végétarien.

Plat 12,50 €, dessert 3,50 €, plat enfant 5,90 €

The Great American Disaster *(américain)*

Praça Marquês de Pombal, 1 • Ⓜ Marquês de Pombal • thegreatamericandisaster.com • 213 161 266 • tlj 12h-0h

B C Plan p. 52-53 ⑦ D2

C'est un voyage dans les États-Unis des années 1960 qui vous attend ici ! Installés sur des banquettes en skaï

rouge, vous mangerez des burgers, des pizzas ou de la viande grillée sur des tables rectangulaires. Avec de généreuses portions de frites et un soda ! Moment de bonheur régressif garanti.
Plat 7,50 €, dessert 2,85 €, menu enfant 5,50 €

Casa do Alentejo *(portugais)*
Rua das Portas de Santo Antão, 58 • Rossio ou Restauradores • casadoalentejo.com.pt • 213 405 140 • tlj 12h-15h et 19h-22h30
Plan p. 52-53 9 E4
Ce restaurant vaut essentiellement pour son cadre vraiment magnifique, marqué par l'architecture mauresque. Au premier, dans des salles ornées de splendides panneaux d'azulejos, vous y mangerez des spécialités de la région de l'Alentejo. Deux bémols : la cuisine est quelconque et l'établissement souvent bondé de touristes.
Plat 12 €, dessert 3,50 €

Solar 31 *(portugais)*
Calçada Garcia, 31 • Rossio ou Restauradores • 218 863 374 • tlj (sf di) 11h30-22h30
B Plan p. 52-53 10 E4
Le Solar 31 est un petit restaurant de quartier comme il y en existe des dizaines à Lisbonne. Nous avons sélectionné celui-ci pour la sympathie de ses propriétaires et pour la qualité des plats du jour, simples et très abordables. À deux pas du Rossio.
Plat 8 €, dessert 3 €, menu midi 10€

Rooftop Bar de l'hôtel Mundial *(sur le pouce)*
Praça Martim Moniz, 2 • Rossio • hotel-mundial.pt • 218 842 000 • tlj 18h30-0h
Plan p. 52-53 11 F4
Comme c'est souvent le cas pour les rooftops, ce n'est pas pour la gastronomie que vous vous rendrez à celui de l'hôtel Mundial. En revanche, vous jouirez d'une vue imprenable sur la ville, un panorama qui se révèle féerique la nuit. Pour manger sur le pouce, ou tout simplement boire un verre après une journée de visite fatigante.
Plat 12,50 €, dessert 5 €

GOÛTERS

Fábrica da Nata
Praça dos Restauradores, 62-68 • Restauradores • fabricadanata.com • 217 933 766 • tlj 8h-23h
Plan p. 52-53 1 D4
Cette "usine de crème" située en plein cœur du centre-ville a pour spécialité les *pasteis de nata*. On les déguste dans un superbe décor composé de panneaux d'azulejos bleus et blancs. Un plaisir pour les yeux autant que pour l'estomac !

A Padaria Portuguesa
Praça dos Restauradores, 58 • Restauradores • apadariaportuguesa.pt • 213 470 454 • tlj 7h30-20h
Plan p. 52-53 2 D4

C'est un peu l'équivalent des boulangeries Paul en France. On peut y faire de très bons goûters ou y manger de grosses salades composées ou des sandwichs. Les produits sont fabriqués dans la région de Lisbonne et livrés tous les jours. Fraîcheur assurée ! Le pain y est très bon, de même que les croissants français.

Pastelaria Suiça

Praça Dom Pedro IV, 96 a 104 • Ⓜ Rossio ou Restauradores • casasuica.pt • 213 214 090 • tlj 7h-21h
B Plan p. 52-53 ⑫ E5

Ce salon de thé à l'ancienne date de 1922 et a eu en d'autres temps l'honneur de la visite de Maria Callas. Parmi ses spécialités, le croissant, dont on dit qu'il a été le premier à en confectionner au Portugal. Belle terrasse en plein Rossio.

Confeitaria Nacional

Praça da Figueira, 18B • Ⓜ Rossio ou Restauradores • confeitarianacional.com • 213 424 470 • lu-je 8h-20h, ve-sa 8h-21h, di 9h-21h
B Plan p. 52-53 ⑬ E5

La Confeitaria Nacional a ouvert ses portes en 1829 et a pour spécialité le très traditionnel *bolo rei* ("gâteau roi"), une brioche garnie de fruits confits qui est sur toutes les tables portugaises au moment de Noël. Le cadre, qui a très peu évolué, est superbe.

PIQUE-NIQUE

Parque Eduardo VII

Ⓜ Marquês de Pombal
Plan p. 52-53 ⑧ C1

Dans cet immense parc, vous n'aurez aucun mal à dénicher un endroit où pique-niquer en famille. Les coins ombragés sont toutefois assez rares.

ALFAMA

RESTAURANTS

DELICIOSO

Tasca Komé *(japonais)*

Rua da Madalena, 57 • Ⓜ Terreiro do Paço • kome-lisboa.com • 211 340 117 • ma-je 12h-14h30 et 19h-22h, ve-sa 12h30-15h et 19h-22h
Plan p. 58-59 ① A5

Ce restaurant a connu un succès foudroyant dès son ouverture. Logique : ses propriétaires japonais ont élaboré une carte absolument exquise, et la qualité du poisson est irréprochable. Parmi les desserts, nous vous recommandons le cheesecake au parmesan, divin. Les prix sont assez élevés, mais la fraîcheur est à ce prix. Formules plus abordables le midi.

Le soir, il est conseillé de réserver, à moins d'arriver tôt.
Plat 15 €, dessert 4,50 €

DELICIOSO

O Chapito à Mesa *(world)*

Costa do Castelo, 7 • B 37 Castelo ou T 28 Largo das Portas do Sol • chapito.org • 218 875 077 • di-je 12h-24h, ve-sa 12h-0h30
B Plan p. 58-59 2 A4

Cet établissement situé à deux pas du Castelo São Jorge (p. 64) dispose d'une arme secrète imparable : sa vue sur Lisbonne. Vous pouvez y manger des grillades et salades en terrasse, ou profiter du restaurant, à la carte un peu plus raffinée – mais aussi plus cher. Nous vous conseillons d'y déjeuner et d'arriver tôt.
Plat 15 €, dessert 6 €

Cruzes Credo *(world)*

Cruzes da Sé, 29 • M Terreiro do Paço • 218 822 296 • tlj 12h-0h
Plan p. 58-59 3 B5

Idéalement situé à côté de la Sé (p. 60), cet établissement jouit d'une belle terrasse très populaire en été et dispose d'une carte de grillades, salades, hamburgers et sandwichs chauds. Un choix sûr et un environnement agréable pour grignoter sur le pouce ou pour dîner.
Plat 11,50 €, dessert 3 €

Caso Sério *(tapas portugaises)*

Cruzes da Sé, 5 • M Terreiro do Paço • 218 881 050 • lu-je 18h-23h, ve 18h-0h, sa 12h30-0h, di 12h30-23h
DELICIOSO
B Plan p. 58-59 4 B5

Situé au pied de la vieille cathédrale de Sé, le Caso Sério propose un bon choix de tapas portugais classiques. Plateaux de fromage ou de charcuterie, saucisse grillée, copieux sandwichs, salades et autres pâtés de thon vous attendent dans un décor original, constitué de tables en bois, de canapés et de vieux fauteuils.
Plat 7 €, dessert 3 €

Esperança Sé *(pizzeria)*

Rua São João da Praça, 103 • M Terreiro do Paço • 218 870 189 • lu-je 13h30-16h, ve-sa 13h-16h et 18h30-0h, di 13h30-16h et 18h30-23h30
B C Plan p. 58-59 6 B5

À la tête de l'un des restaurants en vogue du Bairro Alto – le quartier de la nuit de la capitale portugaise –, le patron a décidé d'ouvrir un second établissement. Cette pizzeria, qui a gagné ses lettres de noblesse, est à deux pas de la cathédrale (p. 60) et propose d'excellentes pizzas cuites au feu de bois. Petite terrasse très agréable en été.
Plat 13,50 €, dessert 4,50 €, plat enfant 5 €

Pois Café *(world)*
Rua São João da Praça, 93-95 • M Terreiro do Paço • poiscafe.com • 218 862 497 • tlj 10h-18h (sa 22h)
B Plan p. 58-59 7 B5
Le Pois Café a pris la place d'un ancien antiquaire et a conservé de vieux meubles, des tables en bois, des coffres anciens, des chaises qui en ont vu d'autres, et on en passe. Les patronnes autrichiennes proposent de la cuisine maison à tendance végétarienne. Pour petit-déjeuner, déjeuner ou encore goûter, dans un décor qui plaira aux enfants.
Plat 7 €, dessert 3,50 €

O Cofre *(grillades)* DELICIOSO
Rua dos Bacalhoeiros, 2 • M Terreiro do Paço • 218 868 935 • tlj 12h-23h (di 12h-16h)
B Plan p. 58-59 8 B6
Dans cette cantine, place aux grillades ! Tout ce qui est proposé à la carte est en effet cuisiné à la braise, sur une énorme grille. Morue, poulet, travers de porc, bœuf, dorade ou encore bar vous attendent dans ce restaurant populaire bon marché.
Plat 8 €, dessert 3,50 €

Clube de Fado *(fado)*
Rua São João da Praça, 86-94 • M Terreiro do Paço • 218 852 704 • clube-de-fado.com • tlj 20h-2h
Plan p. 58-59 9 C5
Ce club est l'un des plus célèbres restaurants de fado de la ville. Il accueille tous les jours beaucoup de touristes, mais également nombre de Lisboètes amoureux de cette musique traditionnelle. La qualité du fado y est donc irréprochable. En revanche, vous n'y vivrez pas une grande expérience gastronomique, comme c'est souvent le cas dans ce genre d'établissements. Mais il est possible de se contenter d'y boire un verre et d'apprécier le spectacle.
Plat 27,50 €, dessert 7 €

Leitaria da Sé *(portugais)*
Rua São João da Praça, 48 • M Terreiro do Paço • 215 944 943 • tlj 7h30-20h (di 8h)
Plan p. 58-59 11 C5
Une petite cantine de quartier tenu par un couple à la gentillesse incroyable, lui au comptoir et en salle, elle derrière les fourneaux de la minuscule cuisine du restaurant. On y mange des plats du jour à un prix imbattable, et une cuisine simple que l'on partage avec les habitants – souvent plus très jeunes – d'Alfama. Un “concentré de typique” comme il y en a de moins en moins. N'hésitez pas à y goûter ou à y petit-déjeuner.
Plat 6,50 €, dessert 2,50 €

Santo António de Alfama *(portugais)* DELICIOSO
Beco de São Miguel, 7 • M Terreiro do Paço ou Santa Apolónia • siteantonio.com • 218 881 328 • tlj 12h30-1h (ve-sa 1h30)
B C Plan p. 58-59 12 C5
Santo António de Alfama, c'est d'abord un cadre : une petite terrasse

donnant sur une place piétonne recouverte de vigne, située en plein cœur d'Alfama, et de petites salles sur différents étages décorés de photos d'acteurs et de réalisateurs. Le propriétaire, José Pedro Vasconcelos, est un acteur très connu au Portugal. On y mange une très bonne cuisine assez classique, dont de délicieux filets de bœuf.
Plat 14,50 €, dessert 5,50 €, plat enfant 7 €

A Baiuca *(fado)*
Rua de São Miguel, 20 • M Terreiro do Paço ou Santa Apolónia • 939 457 098 • je-lu 17h-0h
Plan p. 58-59 13 C5
Ce restaurant modeste et familial est certainement le meilleur endroit pour découvrir le fado vadio, la version populaire de la musique traditionnelle portugaise, chantée par des femmes normalement vêtues d'une robe noire. Ici, c'est la patronne qui chante, quand elle n'est pas derrière les fourneaux. La carte est classique, mais ce n'est pas pour la gastronomie que l'on s'y rend.
Plat 17 €, dessert 5 €

Miss Can *(portugais)*
Largo do Contador Mor, 17 • T 28 ou B 37 • miss.can.com • 910 876 535 • tlj 11h-19h
Plan p. 58-59 14 C4
Ce petit restaurant est tenu par de jeunes Lisboètes qui ont fait le pari de proposer des spécialités portugaises en... boîtes de conserve ! La sardine y est reine, à toutes les sauces, mais n'hésitez pas à vous aventurer du côté du maquereau ou du thon : la qualité des conserves est toujours au rendez-vous.
Conserve 4 €, dessert 3,50 €

Páteo 13 *(portugais)*
Calçadinha de Santo Estevão, 13 • M Terreiro do Paço ou Santa Apolónia • 218 882 325 • ma-di 12h-1430 et 19h-22h30
Plan p. 58-59 16 D4
Le Páteo 13 est un petit restaurant sans prétention très prisé des Lisboètes lorsqu'ils veulent manger à Alfama. La terrasse est particulièrement agréable en été et jouit du calme de cette petite cour à l'abri du tumulte de la capitale. Le poisson grillé est l'arme fatale de cet établissement typique un peu compliqué à trouver.
Plat 8 €, dessert 2,75 €

Casanova *(pizzeria)* DELICIOSO
Avenida Infante Dom Henrique, Cais da Pedra, Loja 7 • M Santa Apolónia • pizzeriacasanova.pai.pt • 218 877 532 • tlj 12h30-1h30
C **Plan p. 58-59 17 F4**
Légèrement excentrée, en face de la gare de Santa Apolónia, cette pizzeria vaut le déplacement, et pour cause : on y mange probablement les meilleures pizzas de Lisbonne. Cuites dans d'immenses fours, elles en ressortent avec une pâte croustillante à point. Les produits italiens sont

d'une grande qualité et surveillés de très près par la Napolitaine à l'origine de ces lieux. Et comme c'est à Naples que la pizza est née... *Plat 10,50 €, dessert 4 €, plat enfant 3,50 €*

O Satelite *(portugais)*
Largo da Graça, 42 • T 28 ou B 734 Graça • 218 862 679 • tlj 11h-22h30
Plan p. 58-59 20 C2
Le O Satelite est un petit restaurant populaire localisé dans le quartier de Graça, au-dessus d'Alfama. La cuisine y est simple et avec des prix battant toute concurrence. Le cadre est à l'avenant, et les patrons très sympathiques.
Plat 8 €, dessert 2,50 €

GOÛTERS

Natur Ice
Rua São João da Praça, 103 • M Terreiro do Paço • 218 871 978 • tlj 9h30-23h30
Plan p. 58-59 5 B5
Envie d'une glace ou d'une crêpe au Nutella? Si vous êtes dans le quartier de la cathédrale, foncez chez ce petit glacier sans prétention. Vous y serez reçu avec le sourire.

Dona Amelia
Rua São João da Praça, 75 • M Terreiro do Paço • 211 371 693 • tlj 9h-18h
Plan p. 58-59 10 C5
Avant ou après avoir visité la cathédrale, voilà un salon de thé parfait pour un goûter en famille ! Vous y trouverez tous les ingrédients d'une pause gourmande réussie : très bons *pasteis de nata*, jus de fruit frais ou encore limonade maison. Et en cas de plus gros appétit, pas de panique : les hamburgers, salades et sandwichs chauds sont aussi de très bonne qualité.

Alfama Doce
Rua da Regueira, 39 • B 759 ou 794 Casa do Conto • 933 143 460 • lu-sa 8h-19h
Plan p. 58-59 15 D4
Cette petite pâtisserie fréquentée par les habitants d'Alfama est l'un des nombreux endroits de la capitale portugaise où l'on peut dévorer les célèbres *pasteis de nata* de Lisbonne. Ceux-ci sont excellents et bien meilleur marché que ceux de Belém. Une pause gourmande bienvenue après vos visites.

A Cabreira
Largo da Graça, 22 • T 28 ou B 734 Graça • 218 619 989 • tlj 7h-22h30
Plan p. 58-59 21 C2

Un besoin urgent de goûter alors que vous visitez le quartier de Graça ? Pas de panique, A Cabreira se trouve à deux pas ! Dans cette traditionnelle pâtisserie de quartier vous attendent de succulents gâteaux ainsi qu'un excellent assortiment de *pasteis de nata*, le tout fait maison. Une adresse agréable pour le portefeuille et l'estomac !

PIQUE-NIQUES

Jardins du Castelo de São Jorge

Rua de Santa Cruz • B 37 Castelo ou T 28 Largo das Portas do Sol

Plan p. 58-59 18 B3

Pique-niquer dans les jardins du château qui surplombent la capitale est une expérience à vivre en famille ! La vue y est tout simplement imprenable. À faire en même temps que la visite de la vieille citadelle, car l'entrée est payante.

Miradouro da Graça

Largo da Graça • T 28 Graça

Plan p. 58-59 19 C2

Envie d'un pique-nique avec vue panoramique sur Lisbonne ? Profitez de votre visite de l'église de Graça (p. 66) pour vous offrir un repas improvisé dans son jardin faisant office de belvédère. Croquer à pleines dents dans son sandwich avec une vue à couper de souffle devant soi, ça a tout de même une autre saveur !

BAIRRO ALTO

RESTAURANTS

Jardim dos Sentidos *(végétarien)*

Rua Mãe d'Água, 3 • M Baixa-Chiado • jardimdosentidos.com • 213 423 670 • lu-sa 12h30-15h30 et 19h-22h30

DELICIOSO

B C Plan p. 72-73 1 G1

Les Lisboètes ayant banni la viande de leur alimentation sont formels : le Jardim dos Sentidos, littéralement le "jardin des sens", est l'un des meilleurs restaurants végétariens de la capitale. La terrasse située dans une petite cour est très agréable. Cet établissement très couru propose en outre un buffet garanti 100 % bio ! *Plat 10,50 €, dessert 3,50 €, menu enfant 8 €*

Terra *(végétarien)*

Rua da Palmeira, 15 • M Baixa-Chiado • restauranteterra.pt • 213 421 407 • ma-di 12h30-15h30 et 19h30-0h

B Plan p. 72-73 4 E2

Parmi l'offre végétarienne de la ville, Terra est une valeur sûre auprès des Lisboètes un peu branchés.

Nous vous recommandons la formule "à volonté", qui vous permettra de remplir votre assiette en choisissant les plats qui vous attirent le plus parmi un buffet bien composé. Le cadre est très agréable et la terrasse ombragée rafraîchissante en été.
Plat 12,50 €, dessert 4 €

Sinal Vermelho *(portugais)* DELICIOSO
Rua das Gáveas, 89 • Baixa-Chiado • 213 461 252 • lu 18h-0h, ma-je 12h30-0h, ve 12h30-0h30, sa 18h-0h30
B **Plan p. 72-73 7 H4**
Voici l'endroit idéal pour découvrir la cuisine portugaise. Les plats y sont délicieux – notamment le poulpe, la morue, le porc noir ibérique ou la mousse de mangue –, le service impeccable et le rapport qualité-prix excellent. Réservez si vous souhaitez y dîner du jeudi au samedi.
Plat 12 €, dessert 4 €

Tasca do Chico *(fado)*
Rua do Diário de Notícias, 39 • Baixa-Chiado • 213 431 040 • tlj 19h-2h
Plan p. 72-73 8 H4
Cette véritable institution du Bairro Alto propose tous les soirs du fado populaire dans une petite salle bondée de clients reprenant les refrains des morceaux les plus connus. On y mange des tapas portugaises, mais ce n'est pas pour la cuisine que l'on y vient. Une expérience à tenter en famille !
Plat 7 €, dessert 3 €

La Piadina *(sur le pouce)*
Calçada do Combro, 8 • Baixa-Chiado • 210 990 668 • di-je 12h-23h, ve-sa 12h-0h
Plan p. 72-73 10 G4
Le secret de ce que l'on appelait en Italie le « pain des pauvres » réside dans sa pâte. Celle de ce petit restaurant, idéal pour manger sur le pouce, est fine et craquante à souhait et garnie, au choix, de viande, de jambon fumé, de salade, de tomates sèches, de crevettes ou d'épinard. En dessert, celle au Nutella est à se damner !
Plat 6,50 €, dessert 3 €

Toma Lá Da Cá *(portugais)*
Travessa do Sequeiro, 38 • Baixa-Chiado • 213 479 243 • lu-sa 9h-0h DELICIOSO
B **Plan p. 72-73 11 G5**
Ce petit restaurant est très populaire chez la jeunesse lisboète. Ce qui n'est pas étonnant puisque la cuisine y très bonne et les prix raisonnables. Résultat : mieux vaut y arriver tôt le soir pour dîner, notamment du jeudi au samedi, lorsque les rues du Bairro Alto se remplissent. À moins d'avoir réservé avant ou... de s'armer de patience.
Plat 10,50 €, dessert 3,50 €

À Camponesa *(portugais)*
Rua Marechal Saldanha, 25 • Baixa-Chiado • 213 464 791 • lu-ve 13h-15h et 19h30-23h30, sa 19h30-23h30
B **Plan p. 72-73 12 G4**

Situé à proximité du miradouro de Santa Catarina, ce restaurant est très prisé des Lisboètes, ce qui en fait un établissement où il n'est pas toujours simple de trouver une table, surtout le week-end. La cuisine proposée y est un peu plus raffinée que dans une cantine classique et le cadre très agréable.
Plat 12 €, dessert 4 €

Taberna Portuguesa
(tapas portugaises)
Calçada do Combro, 115 •
M Baixa-Chiado • 914 289 997 •
ma-sa 19h-2h
Plan p. 72-73 14 F4
Si vous voulez découvrir les tapas portugaises, cette "taverne portugaise" est une très bonne adresse : chorizo grillé, fromages affinés ou coulants, assortiment de charcuterie, salade de morue, champignons sautés à la coriandre fraîche, boudin chaud ou encore viande de porc sautée dans l'huile d'olive... N'hésitez pas à goûter un peu à tout et à partager vos plats, c'est l'objectif de cet établissement au cadre simple, mais très agréable.
Plat 7,50 €, dessert 3,50 €

Noobai Café *(tapas portugaises)*
Miradouro de Santa Catarina •
M Baixa-Chiado • 213 465 014 •
tlj 10h-0h
Plan p. 72-73 15 F5
L'atout numéro 1 du Noobai Café est sa localisation : il est situé sur le miradouro de Santa Catarina, l'un des plus beaux de la ville. De sa terrasse, la vue sur le Tage et le pont 25 de Abril est à couper le souffle. Et on ne vous parle même pas des couchers de soleil ou des panoramas de nuit... Vous y trouverez de nombreuses tapas à la carte, mais vous pourrez également vous contenter d'y prendre un verre avant de dîner.
Plat 12,50 €, dessert 3,50 €

GOÛTERS

Doce Real
Rua Dom Pedro V, 119 •
M Baixa-Chiado • docereal.com •
213 465 423 • tlj 7h-19h (sa 8h)
Plan p. 72-73 3 F2
Le Doce Real est un petit salon de thé très classique, mais sa carte sucrée vaut vraiment la peine. Notamment les *pasteis de nata*, parmi les meilleurs de Lisbonne. Une offre simple, mais toujours très efficace !

Pastelaria São Roque
Rua Dom Pedro V, 57 •
M Baixa-Chiado • panifsroque.pt •
210 119 283 • tlj 6h30-19h
Plan p. 72-73 5 G2
Son décor à lui seul justifie un goûter dans cette pâtisserie située en plein Bairro Alto. Vous y trouverez une solide sélection de pâtisseries sucrées et salées ainsi que du jus d'orange frais. Un grand classique du quartier.

Manteigaria – Fábrica de Pasteis de Nata

Rua do Loreto, 2 • M Baixa-Chiado • 213 471 492 • tlj 8h-0h
Plan p. 72-73 9 H4

Dans ce minuscule établissement, ce sont des *pasteis de nata* que vous achèterez, probablement à emporter puisque sa taille ne se prête pas vraiment à un goûter en famille. Mais votre collation n'en sera pas moins savoureuse pour autant car ici, le four tourne toute la journée, et cette petite pâtisserie si typique de Lisbonne y est servie comme il se doit : tiède ! C'est peut-être un détail pour vous, mais pour nous ça veut dire beaucoup...

Pastelaria Orion

Calçada do Combro, 1 • M Baixa-Chiado • 213 420 485 • tlj 7h-20h (sa-di 8h)
Plan p. 72-73 13 G4

Ce petit établissement de quartier, très largement fréquenté par les habitants, propose une carte de pâtisseries classiques à quelques pas du miradouro de Santa Catarina. Une adresse sûre pour un solide petit déjeuner ou un copieux goûter !

PIQUE-NIQUES

Jardim do Príncipe Real

Praça do Príncipe Real • B 758, 773 Príncipe Real ou M Rato
Plan p. 72-73 2 F2

Les endroits où pique-niquer en centre-ville ne sont pas légion. Cet agréable jardin situé sur les hauteurs du Bairro Alto en est un. À découvrir le samedi, lorsque le marché bio y bat son plein.

Miradouro de São Pedro de Alcântara

Rua de São Pedro de Alcântara • M Baixa-Chiado
Plan p. 72-73 6 H2

Ce belvédère dispose d'un atout majeur pour les amateurs de pique-niques urbains : un petit jardin en contrebas permet d'échapper au tumulte. Grâce à un petit kiosque qui s'y trouve, vous pourrez en outre terminer votre repas par un bon café.

Miradouro de Santa Catarina

Rua de Santa Catarina, 401 • M Baixa-Chiado ou T 28 Santa Catarina
Plan p. 72-73 16 F5

Ce belvédère très populaire parmi les jeunes Lisboètes dispose d'une vue imprenable sur le Tage et le pont 25 de Abril. À en oublier de manger ses sandwichs ! Un petit kiosque permet d'améliorer son pique-nique.

BELÉM

RESTAURANTS

À Margem *(sur le pouce)*
Doca do Bom Sucesso • T 15 Mosteiro dos Jerónimos • amargem.com • 918 620 032 • tlj 10h-1h (di 21h)
B Plan p. 80-81 1 C5
Situé en bordure du Tage, ce restaurant moderne et sobre propose une cuisine simple et légère, que l'on appréciera d'autant plus sur la terrasse donnant sur le fleuve. Les salades y sont très bonnes, ainsi que les sandwichs. Touristique certes, mais vu l'emplacement, il est difficile de s'attendre à autre chose. Parfait pour manger sur le pouce sans trop perdre de temps.
Plat 14,50 €, dessert 4 €

Portugália *(portugais)*
Avenida Brasília, Edifício Espelho d'Água • T 15 Mosteiro dos Jerónimos • portugalia.pt • 213 032 700 • tlj 12h-0h (ve-sa 1h)
B C Plan p. 80-81 2 D5
La chaîne de brasseries Portugália est très populaire chez les Portugais, quelle que soit leur classe sociale. On y déjeune entre collègues de bureau ou on y dîne avant de se faire un ciné ou d'aller boire un verre. Vous trouverez au menu les traditionnels steaks à la portugaise, baignant dans la sauce et accompagnés d'un œuf sur le plat et d'une généreuse portion de frites. Avec une bière bien fraîche, comme le veut la coutume.
Plat 10 €, dessert 3,50 €, menu enfant 7,50 €

Nosolo Italia *(pizzeria)*
Avenida Brasília, 202 • T 15 Mosteiro dos Jerónimos • nosoloitalia.com • 213 015 969 • tlj 10h-0h (ve-sa 0h30)
B Plan p. 80-81 3 D5
Situé à deux pas du Centre culturel de Belém (p. 83) et des principaux monuments du quartier, cette pizzeria propose une carte classique mais de qualité, dans un superbe cadre en bordure du Tage. Grande esplanade, très agréable dès que le soleil pointe le bout de ses rayons.
Plat 7,50 €, dessert 3,50 €

Pão Pão Queijo Queijo *(kebab)*
Rua de Belém, 126 • T 15 Mosteiro dos Jerónimos • 213 626 369 • tlj 10h-0h (di 10h-20h)
Plan p. 80-81 5 D4
Au "pain pain fromage fromage", ce sont les meilleurs kebabs de Lisbonne qui vous attendent ! Et non, mille fois non, un bon kebab, ce n'est pas un oxymore ! Ici, pas de viande douteuse et

congelée, mais des produits frais et merveilleusement assaisonnés. Nous recommandons également les falafels, divins. À en croire les files d'attente, les Portugais ne s'y trompent pas : la gastronomie urbaine, quand elle est bien préparée, vaut tous les restaurants étoilés Michelin du monde !
Plat 5 €

Restaurante da Associação Naval de Lisboa *(poisson)*

Rua de Belém (Doca Seca de Belém) • T 15 Mosteiro dos Jerónimos • anl.pt • 213 635 329 • me-lu 10h-22h DELICIOSO
B Plan p. 80-81 10 E4

Ce restaurant situé à l'étage de l'association navale de Lisbonne n'est pas toujours très simple à trouver, mais vos efforts – relatifs – seront largement récompensés : dans un cadre simple mais offrant une superbe vue sur le Tage, vous dégusterez les meilleurs poissons de la ville. Bar, dorade, sardines, saumon ou thon... la fraîcheur et la qualité des produits sont garanties. Et se retrouvent dans l'addition !
Plat 15 €, dessert 4,50 €

GOÛTERS

Pasteis de Belém

Rua de Belém, 84-92 • T 15 Mosteiro dos Jerónimos • pasteisdebelem.pt • 213 637 423 • tlj 8h-23h
Plan p. 80-81 6 D4

Vous trouverez ici le légendaire *pastel de Belém*. Quelle différence avec le *pastel de nata* ? Aucune, si ce n'est que seule cette pâtisserie a le droit d'utiliser la première appellation. Que les longues files d'attente qui se forment quotidiennement ne vous rebutent pas ! Vous serez récompensé quand vous tiendrez entre les mains cette bombe calorique servie tiède, avec une pincée de cannelle. À consommer sur place dans l'une des immenses salles ou à emporter pour déguster dans le Jardim da Praça do Império.

Pasteis de Cerveja de Belém

Rua de Belém, 15 • T 15 Mosteiro dos Jerónimos • 213 634 338 • tlj 7h-20h (ve-sa 22h)
Plan p. 80-81 9 E4

Cet établissement a pris pour nom sa spécialité : le *pastel de cerveja*, une tartelette à la bière (qu'on ne sent pas) et aux amandes. Aussi savoureux que calorique... Cette pâtisserie propose par ailleurs les grands classiques des goûters portugais.

PIQUE-NIQUES

Jardim da Praça do Império

Praça do Império • T 15 Mosteiro dos Jerónimos
Plan p. 80-81 4 D4

L'endroit le plus central pour un pique-nique quand on visite le quartier de Belém. Dans cet immense jardin, les enfants pourront en outre profiter de l'aire de jeu qui leur est destinée.

Jardim Botânico da Ajuda

Calçada do Galvão • T 18E Calçada Ajuda (GNR)
Plan p. 80-81 7 E1

Si vous visitez le jardin botanique situé à côté du Palácio Nacional da Ajuda (p. 93), n'hésitez pas à y prévoir un pique-nique bucolique au milieu des animaux qui peuplent les lieux. Attention, l'entrée est payante.

Jardim Tropical

Largo dos Jerónimos • T 15 Mosteiro dos Jerónimos
Plan p. 80-81 8 E3

Si vous n'avez jamais dévoré un sandwich et des chips sous un énorme palmier, c'est le moment de vivre cette expérience pas comme les autres ! Situé à proximité des principaux monuments de Belém, le jardin tropical est un véritable havre de paix. Attention, entrée payante.

PARQUE DAS NAÇÕES

RESTAURANTS

Lisboa Marina *(portugais)*

Passeio Adamastor Edificio Nau, L41 • M Oriente • lisboamarina.pt • 216 067 663 • tlj 11h-0h
B Plan p. 96 1 D5

Le Lisboa Marina est un restaurant moderne en bord du Tage, ce qui lui permet d'offrir une très belle vue sur le fleuve. À la carte, des plats portugais et internationaux classiques. Une bonne cuisine, une patronne adorable et un panorama privilégié en plein Parque das Nações.

Plat 13,50 €, dessert 4 €

Chimarrão *(brésilien)*

Alameda dos Oceanos, P 2.11 • M Oriente • chimarrao.pt • 210 026 600 • tlj 12h-16h et 19h-0h
B C Plan p. 96 2 C3

Ce restaurant propose un concept brésilien : le *rodizio* de viandes grillées. Des serveurs vous proposent toutes sortes de viandes sur d'immenses brochettes et vous servent jusqu'à ce que votre panse déclare forfait ! Les accompagnements et les salades sont également à volonté. Voir l'autre adresse de cette chaîne de restaurants (p. 151) située dans le quartier Baixa et Chiado.

Plat 12,50 €, dessert 4 €, menu enfant 9,90 €

Serra da Estrela *(portugais)*
Centro Comercial Vasco da Gama, Avenida Dom João II, 40 • M Oriente • 210 114 878 • tlj 10h-23h
B Plan p. 96 3 B1
La Serra da Estrela est une région montagneuse du centre du Portugal, où se trouve le point le plus haut du pays. La chaîne de restaurants du même nom permet de découvrir la cuisine de cette région, sa charcuterie, ses fromages crémeux à tomber (dont le Queijo da Serra), ses spécialités de viande, sa morue gratinée ou encore ses traditionnelles *migas* (chou mélangé à des haricots et du pain de maïs). Il se trouve au dernier étage du centre commercial Vasco da Gama.
Plat 10 €, dessert 4 €

GOÛTER

A Padaria Portuguesa
Avenida Dom João II, 41H • M Oriente • apadariaportuguesa.pt • 218 983 150 • tlj 7h30-20h
Plan p. 96 4 B1
On peut y faire de très bons goûters ou y manger de grosses salades composées ou des sandwichs. Les produits sont fabriqués dans la région de Lisbonne et livrés tous les jours. Fraîcheur assurée ! Le pain y est très bon, de même que les croissants français. Voir l'autre adresse de cette chaîne de pâtisseries (p. 156) située dans le quartier Rossio et Restauradores.

AU-DELÀ DU CENTRE-VILLE

RESTAURANTS

Catedral da Cerveja *(portugais)*
Avenida General Norton de Matos, Estádio da Luz Porta 10/11 • M Colegio Militar • catedraldacerveja.com • 217 125 180 • di-ve 12h-17h, sa 12h-15h30 et 19h30-22h30
La Catedral da Cerveja est une brasserie tout ce qu'il y a de plus classique, dont les steaks diversement assaisonnés sont la spécialité. Mais ce restaurant dispose d'un atout unique : il est situé dans les entrailles du stade de Luz et offre un panorama sur la pelouse ainsi que les tribunes. À réserver aux fans du Benfica.
Plat 15 €, dessert 4 €

Arigato Sushi *(japonais)*
Centro Comercial Campo Pequeno, Praça de Touros • M Entrecampos • arigato.pt • 308 809 287 • lu-sa 12h-15h (sa 12h45) et 19h30-23h, di 12h45-15h
B C
Ce concept de buffet japonais à volonté est très apprécié des Lisboètes. L'ambiance y est généralement animée, et l'on peut y manger des sashimis, des sushis, des salades, des tempuras ou encore des brochettes plus qu'acceptables. Une façon relativement économique de s'offrir un restaurant japonais

en famille, aux arènes du Campo Pequeno.
Buffet 17 €, menu enfant 9,45 €

DELICIOSO

Baia do Peixe *(poisson)*

Centro Comercial Campo Pequeno, Praça de Touros • M Entrecampos • baiadopeixe.com • 214 026 583 • tlj 12h-0h
B

Le Baia do Peixe propose deux formules : poisson grillé ou fruits de mer à volonté. C'est l'idéal pour découvrir ce que la côte et la gastronomie portugaises ont de meilleur. Comme les palourdes, les crevettes, les moules et les huîtres de Setubal, ou la façon peut-être unique des Portugais de griller le poisson.
Formule 17 €, dessert 3,50 €

100 Montaditos *(sur le pouce)*

Av. Duque de Ávila, 47 • M Saldanha • portugal.100montaditos.com • 213 460 372 • tlj 12h-0h

Ce concept venu d'Espagne (*montadito* signifie sandwich) devrait ravir les petits comme les grands. La carte de ce fast food propose des dizaines de mini sandwichs pour composer le menu de votre choix. Végétarien et carnivore y trouveront leur bonheur et les gourmands ne manqueront pas de conclure leur repas en croquant un sandwich... sucré !
Mini sandwich 1 €, dessert 1,5 €

Block House *(steak house)*

Atrium Saldanha, Praça Duque de Saldanha, 1 • M Saldanha • block-house.pt • 210 939 896 • tlj 11h-0h
B C

DELICIOSO

Ce steak house typiquement américain propose une excellente viande de bœuf grillée sur d'énormes plaques en pierre et à haute température. Un large choix de pièces succulentes, accompagnées d'une rafraîchissante salade composée ainsi que d'une pomme de terre à la sour cream ou de frites. Terminer par un cheesecake est une bonne option.
Plat 15 €, dessert 4,50 €, menu enfant 5,50 €

PIQUE-NIQUE

Jardim da Fundação Gulbenkian

Avenida da Berna, 45A • M São Sebastião ou Praça de Espanha

Avant ou après la visite du musée Calouste Gulbenkian (p. 102), il est absolument indispensable d'en visiter les jardins, parmi les plus beaux de Lisbonne. Vous ne regretterez pas votre pique-nique.

LISBONNE ET SES ENVIRONS

RESTAURANTS

Tasca do Xico *(tapas portugaises)*
Rua Arco do Teixeira, 6, Sintra • tascadoxico.pt • 219 246 016 • tlj 11h-23h
Cette petite taverne propose des *petiscos* (tapas à la portugaise). Vous y dégusterez de la charcuterie régionale, de délicieux fromages, des crevettes grillées, du poulpe, des beignets salés et des filets de sardine. À partager en famille, évidemment !
Plat 7 €, dessert 3,50 €

Sabores da Vila *(portugais)*
Avenida Augusto Freire, 2, Sintra • 219 242 855 • lu-sa 10h30-22h30
B
Situé à côté de la gare de Sintra, ce restaurant est très familial. Une salle simple mais joliment décorée vous y attend pour déguster des classiques de la cuisine portugaise, dont les incontournables viandes et poissons grillés, à un prix très correct.
Plat 12,50 €, dessert 3,50 €

Harko's *(italo-japonais)*
Rua Serpa Pinto, 4, Sintra • 219 244 352 • lu-sa 12h30-15h et 19h-23h
B
Si la cuisine portugaise commence à vous lasser, profitez de votre visite de Sintra pour découvrir ce sympathique restaurant italo-japonais localisé à environ un kilomètre du centre historique de la ville. Au menu, de délicieuses pâtes et pizzas, ainsi qu'une offre de sushis très correcte et à prix abordable. Le tout dans un agréable décor moderne.
Plat 14 €, dessert 6 €

GOÛTER

Fábrica das Verdadeiras Queijadas de Sapa
Volta Duche, 12, Sintra • 219 230 493 • tlj 9h30-18h (sa-di 19h)
La région de Sintra a une spécialité culinaire sucrée : la *queijada*. C'est une succulente tartelette au fromage frais, que cet établissement confectionne depuis le XVIIIe siècle ! Inutile de vous dire que cette charmante petite pâtisserie est l'endroit idéal pour la découvrir, au cours d'un goûter familial. Sa recette se transmet de génération en génération, pour le plus grand bonheur des habitants.

PIQUE-NIQUE

Parque da Pena
Estrada da Pena, Sintra • parquesdesintra.pt • tlj 9h30-20h
Dans ce parc qui s'étend à perte de vue, vous n'aurez aucun mal à trouver un endroit au calme pour vous offrir un pique-nique au beau milieu de la végétation exubérante de la Serra de Sintra.

On a cassé la tirelire !

Lisbonne n'est guère différente des autres grandes capitales européennes. Vous y trouverez ainsi toutes les marques qui comptent, avec un accent particulier mis sur les enseignes espagnoles (Zara, Massimo Dutti et autres Mango), proximités géographique et économique oblige. Dans notre sélection, nous avons privilégié les boutiques locales, notamment des artisans, les concept stores et les épiceries fines. Ne vous attendez pas à réaliser des affaires exceptionnelles : les prix sont peu ou prou les mêmes qu'en France. Enfin, sachez qu'au Portugal, les centres commerciaux ultramodernes sont le lieu préféré des habitants quand un besoin d'emplettes se fait sentir. Au détriment malheureusement des petits commerces de rue, qui se concentrent dans le quartier du Chiado et de la Baixa. Nos adresses préférées sont signalées par un ADORO qui signifie tout simplement "j'adore" en portugais.

BAIXA ET CHIADO

C'est le quartier shopping par excellence, le cœur du centre-ville commercial de la capitale portugaise. Dans la Baixa et le Chiado, commerces traditionnels et enseignes internationales à la mode coexistent avec bonheur. Il vous sera ainsi possible de passer d'un mégastore Zara à une épicerie centenaire en moins de temps qu'il n'en faut pour vous en apercevoir !

Luvaria Ulisses *(mode)*

Rua do Carmo, 87A • M Rossio ou Baixa-Chiado • luvariaulisses.com • 213 420 295 • lu-sa 10h-19h

Plan p. 42-43 7 E1

Voilà une charmante boutique qui ravira les amoureux des commerces à l'ancienne. La Luvaria Ulisses est en effet la dernière boutique au Portugal à ne vendre que des gants, fabriqués avec passion par une équipe experte en la matière. Ce magasin a ouvert ses portes en 1925 et a conservé sa décoration empire intacte. Un véritable bonheur pour les yeux, ainsi que pour les mains.

Cantê *(mode)*

Calçada Nova de São Francisco, 10 • M Baixa-Chiado • cantelisboa.com • 210 142 912 • tlj 11h-19h30 (di et lu 12h)

Plan p. 42-43 4 E2

Mesdemoiselles et mesdames, si vous avez oublié de glisser un maillot de bain dans votre valise et que les plages des environs de Lisbonne vous attirent, pas de panique ! Cette boutique spécialisée propose une superbe sélection de maillots de bain, une ou deux pièces. Tout ce qu'il vous faut pour vous transformer en sirène se trouve ici.

Vintage Bazaar *(mode)*
Largo da Academia Nacional de Belas Artes, 6 • Ⓜ Baixa-Chiado • vintagebazaar.pt • 213 467 123 • lu-sa 10h-19h
Plan p. 42-43 ⑮ E2
Cette boutique ravira à coup sûr toutes nos lectrices attirées par la mode des années 1970 ! Comme son nom l'indique, ce magasin propose une très jolie collection de vêtements féminins vintage, ainsi que de ravissants accessoires, tels que des chaussures, des sacs ou encore des bijoux fantaisie.

Triparte *(mode)*
Rua dos Fanqueiros, 116-120 • Ⓜ Rossio ou Baixa-Chiado • tripartestore.com • 218 851 295 • ma-sa 10h-12h et 13h-19h30

ADORO

Plan p. 42-43 ⑰ F1
Ce magasin est à visiter, même si vous n'y faites aucun achat. Il s'agit en effet du temple de la mode gothique, et sa décoration est entièrement axée sur ce thème. Attendez-vous à croiser de (fausses) têtes de mort, et autres joyeusetés du genre ! Sur les étalages : tee-shirts, chaussures, bijoux et accessoires. Tous gothiques, bien entendu. Et pour les amateurs, l'un des meilleurs tatoueurs de Lisbonne y officie tous les jours.

Paris em Lisboa *(mode, déco)*
Rua Garrett, 77 • Ⓜ Baixa-Chiado • parisemlisboa.pt • 213 424 329 • lu-sa 10h-19h
Plan p. 42-43 ④ D2
"Paris à Lisbonne" est une superbe boutique située au beau milieu de la principale artère commerciale du quartier du Chiado. Il s'agit d'un très vieux magasin traditionnel proposant toutes sortes de linges de maison. Les produits ne sont pas donnés, mais sont d'excellente qualité. Cette institution lisboète est connue pour ses magnifiques vitrines – un vrai bonheur pour les yeux.

Lisboa Cidade de Fado *(musique)*

ADORO

Rua do Carmo • Ⓜ Baixa-Chiado • tlj 10h-18h (variables)
Plan p. 42-43 ⑦ E1
Ne cherchez pas une boutique de ce nom dans la rue du Carmo, il n'y en a pas ! Il s'agit en fait d'un très vieux

véhicule stationné tous les jours dans cette artère du Chiado et qui ne vend que des disques de fado ! Attention, les horaires sont susceptibles de varier.

Companhia Musical de Lisboa *(musique)*
Rua Nova do Almada, 62 • M Baixa-Chiado • cnmusica.com • 213 402 918 • lu-sa 10h-19h30
B Plan p. 42-43 14 E2
Si vous êtes tombé amoureux du fado durant votre visite de Lisbonne ou si vous souhaitez faire un cadeau musical symbolisant la ville, ce disquaire spécialisé est le meilleur endroit pour faire votre choix. Vous serez reçu par d'excellents connaisseurs de ce style si typique. Belle offre de musiques classique et portugaise également.

Thadeus *(jouets)*
Rua Áurea, 148 • M Baixa-Chiado • 213 422 811 • lu-ve 10h-19h, sa 10h-13h
Plan p. 42-43 13 E2
Voici une boutique que les enfants auront sans doute très envie de visiter. Et pour cause, il s'agit du magasin de jouets le plus vieux de Lisbonne ! Il n'est peut-être pas à la pointe de la technologie, mais propose de "vrais" jouets à l'ancienne.

Livraria Bertrand *(librairie)* ADORO
Rua Garrett, 73-75 • M Baixa-Chiado • bertrand.pt • 213 476 122 • tlj 9h-22h (di 11h)
Plan p. 42-43 5 D2
Ne cherchez plus où se trouve la plus vieille librairie de Lisbonne, voire du monde ! La Livraria Bertrand a ouvert ses portes en 1732 et revendique ce titre avec fierté. La boutique en elle-même et sa décoration en bois sont magnifiques et valent largement une petite visite. Vous pourrez y découvrir une sélection de romans et de journaux français, et pourquoi pas y faire quelques emplettes culturelles.

Caza das Vellas do Loreto *(cadeaux)* ADORO
Rua do Loreto, 53 • M Baixa-Chiado • cazavellasloreto.com.pt • 213 425 387 • lu-ve 9h-19h, sa 9h-13h
Plan p. 42-43 1 B2
La Caza das Vellas est une véritable institution de la capitale portugaise. Dans un magnifique décor tout en bois faisant la part belle aux vieilles vitrines et aux comptoirs à l'ancienne, vous découvrirez une très impressionnante offre de bougies. La boutique idéale pour vous procurer un petit cadeau.

A Vida Portuguesa *(cadeaux)* ADORO
Rua Anchieta, 11 • M Baixa-Chiado • avidaportuguesa.com • 213 465 073 • lu-sa 10h-20h, di et j. fériés 11h-20h
Plan p. 42-43 6 D2
Ce magasin ne commercialise que des produits 100 % made in Portugal. On y trouve un peu de tout, notamment de très jolis objets de décoration pour la maison. C'est l'endroit idéal pour dénicher

un cadeau ou un joli souvenir. Fait insolite : c'est une meneuse du parti d'extrême gauche Bloco de Esquerda qui est à l'origine de ce projet. Comme quoi, anticapitalisme et commerce font parfois bien meilleur ménage qu'on pourrait le croire !

Take Me *(cadeaux)*
Rua Àurea, 151 • Ⓜ Baixa-Chiado • tlj 10h-20h
Plan p. 42-43 ⑫ E1-E2
Les papeteries ont quasiment disparu à Lisbonne sous l'effet de la concurrence des enseignes de grande distribution. Take Me est l'une des rares du genre à avoir survécu dans le centre-ville. Pour cela, elle propose désormais une multitude de petits souvenirs à bon prix. Si vous souhaitez faire des petits cadeaux sans vous ruiner, vous y trouverez probablement votre bonheur.

A Carioca *(alimentation)*
Rua da Misericórdia, 9 • Ⓜ Baixa-Chiado • 213 469 567 • lu-ve 9h-19h, sa 9h-13h
Plan p. 42-43 ② C1
Cette boutique très ancienne est faite sur mesure pour les amoureux de thé et de café ! Les odeurs que l'on y respire vous rappelleront peut-être ces temps où le grain était moulu dans de vieilles machines, dégageant d'enivrants parfums fortement imprégnés de caféine... Un régal pour le nez autant que pour les yeux.

Chocolataria Equador
(alimentation)
Rua da Misericórdia, 72 • Ⓜ Rossio • chocolatariaequador.com • 213 471 229 • tlj 11h-20h
Plan p. 42-43 ③ C1
Voilà une boutique qui s'adresse tout particulièrement aux plus gourmands de nos lecteurs, jeunes et moins jeunes ! Ce magasin est en effet une chocolaterie proposant une très riche variété de produits, dont certains sont assez surprenants. Les superbes emballages ont largement contribué au succès du concept, ainsi que la qualité de leur contenu bien entendu.

Casa Macário *(alimentation)*
Rua Augusta, 272 • Ⓜ Rossio ou Baixa-Chiado • casamacario.com • 213 420 900 • lu-sa 9h-20h, di 14h-20h
Plan p. 42-43 ⑨ E1
Cette petite boutique chargée d'histoire se situe dans la grande rue piétonne Augusta, au beau milieu de la ville basse. Vous y trouverez une offre extrêmement variée de vins portugais, de "champagnes" locaux, de vins

de Porto, de liqueurs et d'eau-de-vie traditionnelle, mais également du café, du thé et du chocolat.

Papa Bubble *(alimentation)* ADORO
Rua da Conceição, 117 • Ⓜ Baixa-Chiado ou Terreiro do Paço • 213 427 026 • lu-sa 10h-19h
Plan p. 42-43 16 F2

Les enfants, prenez note ! Ce concept espagnol né il y a une dizaine d'années à Barcelone ne vend que des... bonbons ! De toutes les formes, de toutes les couleurs. Et pour tous les goûts. On espère que vous les partagerez tout de même avec vos parents... La boutique la plus sucrée de tout Lisbonne !

Queijaria Nacional *(alimentation)*
Rua da Conceição, 8 • Ⓜ Terreiro do Paço • 912 982 450 • tlj 10h-20h
Plan p. 42-43 18 G2
ADORO

Si vous souhaitez acheter quelques produits culinaires typiquement portugais (fromages, charcuterie, vins, etc.), voici une excellente adresse, où vous pourrez non seulement emporter vos victuailles, mais aussi vous attabler pour dévorer un plateau confectionné par la sympathique équipe qui dirige l'établissement. Une valeur sûre parmi une offre de plus en plus pléthorique à Lisbonne. N'écoutez que votre estomac, et découvrez ce que les régions portugaises ont de meilleur à offrir en matière de gastronomie !

Napoleão *(alimention)*
Rua dos Fanqueiros, 70 • Ⓜ Terreiro do Paço • napoleao.eu • 218 861 108 • lu-sa 9h30-20h, di 15h-19h
ADORO
Plan p. 42-43 19 G2

Si vous cherchez à découvrir la richesse infinie des vins portugais (rouge, blanc ou vert) ainsi que la complexité et la diversité des vins de Porto, cette boutique étrangement appelée Napoleão (comme notre empereur national) est l'endroit idéal ! L'offre est impressionnante, et les vendeurs, qui parlent français pour la plupart d'entre eux, transmettent sans peine leur passion aux clients. Livraison en France possible en cas de coup de foudre pour un breuvage certifié 100 % portugais.

Armazéns do Chiado *(centre commercial)*
Rua do Carmo, 2 • Ⓜ Baixa-Chiado • armazensdochiado.com • 213 210 600 • tlj 10h-23h
Plan p. 42-43 10 E1

Ce petit centre commercial est situé en plein cœur du centre-ville historique. L'édifice, entièrement reconstruit après un gigantesque incendie, est superbe et vaut à lui seul le déplacement. À l'intérieur, vous trouverez une sélection assez classique d'enseignes internationales et un grand magasin Fnac, avec une intéressante sélection de livres en français.

ROSSIO ET RESTAURADORES

Le Rossio n'est pas le quartier le plus attractif en matière de shopping. Aux alentours de la place, le commerce traditionnel tient le choc face aux marques internationales. Mais au Restauradores, et plus encore sur l'Avenida da Liberdade, le décor n'est plus du tout le même, puisque toutes les grandes enseignes de luxe y ont ouvert leurs portes. Attention, remonter cette avenue peut se révéler très dangereux pour votre portefeuille !

Mundo Fantastico da Sardinha Portuguesa *(cadeaux)*

Praça Dom Pedro IV, 39 • M Rossio • 211 349 044 • tlj 10h-20h

ADORO

Plan p. 52-53 ① E5

Le nom de cette curieuse et superbe boutique au kitsch assumé, située en plein cœur du Rossio, résume à merveille son concept. "Le monde fantastique de la sardine portugaise" propose en effet une large sélection de sardines en boîte, une grande tradition locale. À l'huile d'olive ou à la tomate, piquantes ou non, l'offre de conserves est impressionnante. À visiter, ne serait-ce que par curiosité ou pour compléter vos petits cadeaux à ramener à vos proches.

Manteigaria Silva *(alimention)*

Rua Dom Antão De Almada, 1 • M Rossio • 213 424 905 • lu-sa 9h-19h30

ADORO

Plan p. 52-53 ② E4

Cette épicerie traditionnelle centenaire était à l'origine un abattoir du marché de la Praça da Figueira. Vous y trouverez de nombreux produits typiquement portugais (que vous pourrez ramener sans mal dans vos valises), notamment une offre impressionnante de morues de Norvège et d'Islande. La charcuterie y est également excellente, et c'est une machine datant de 1923 qui assure la découpe des jambons fumés !

Mercado da Figueira
(supermarché)

Praça da Figueira, 10 • M Rossio • 211 450 650 • lu-sa 8h30-20h

Plan p. 52-53 ③ F5

Cet ancien marché transformé en petit supermarché est situé en plein centre-ville. C'est l'endroit parfait pour faire vos courses au quotidien si vous séjournez en appartement. Vous y trouverez d'excellents produits frais, notamment des fruits de saison. Le lieu est aussi réputé pour la qualité de sa viande. Excellente boulangerie également, où vous trouverez de quoi faire d'excellents goûters ainsi que du pain frais tout juste sorti du four. Le supermarché de quartier par excellence.

Pingo Doce *(supermarché)*
Largo do Chão do Loureiro, 11 • Ⓜ Rossio • 218 802 010 • tlj 8h30-21h
Plan p. 52-53 ④ G5
Pingo Doce est une chaîne de supermarchés extrêmement populaire au Portugal. Et pour cause : les produits commercialisés sous la marque Pingo Doce (“marque blanche”) affiche des prix imbattables ! L'agencement des lieux n'est pas le plus agréable au monde, mais les produits y sont d'une qualité très raisonnable. Avantage indéniable : les horaires et jours d'ouverture de ce petit supermarché sont très pratiques.

ALFAMA

La populaire Alfama n'est pas le quartier où l'on trouve les meilleures adresses shopping. Toutefois, depuis que Lisbonne est devenue particulièrement à la mode chez les visiteurs européens, les boutiques destinées aux touristes poussent comme des champignons dans un pré humide. Artisans et magasins de souvenirs vous y attendent de pied ferme.

A Arte da Terra *(déco)*
Rua Augusto Rosa, 40 • Ⓣ 28 Sé ou Ⓜ Terreiro do Paço • aartedaterra.pt • 212 745 975 • tlj 11h-20h
Plan p. 58-59 ⑤ B5
ADORO
Cette boutique d'artisanat et d'azulejos portugais offre la particularité d'avoir ouvert ses portes dans d'anciennes écuries. L'aménagement de ce magasin original vaut à lui seul le déplacement. Les articles qui y sont vendus viennent des quatre coins du Portugal et sont garantis faits main. Détail qui a son importance : les prix pratiqués n'ont rien du piège à touristes ! A Arte da Terra propose aussi des expositions thématiques.

Cortiço e Netos *(déco)*
Calçada de Santo André, 66 • Ⓜ Martim Moniz • corticoenetos.com • 211 362 376 • lu-ve 10h-19h, sa 10h-13h
Plan p. 58-59 ⑨ B3

Dans cette vieille et superbe boutique où la tradition (et les clés du magasin) se transmet de père en petits-fils – Cortiço est le nom du fondateur et *netos* signifie "petits-fils" –, vous trouverez une fabuleuse collection d'azulejos faits à la main, selon les techniques les plus traditionnelles. Cerise sur le gâteau : les prix sont très abordables pour des produits n'ayant pas été fabriqués en Chine par des employés sous-payés.

A Loja *(concept store)*
Rua de São Cristovão, 3 • Ⓜ Rossio • 915 368 190 • ma-sa 11h-19h
Plan p. 58-59 ④ A4
Cette charmante boutique d'artisanat est parfois présentée comme un petit coin de France à Lisbonne, pour la bonne raison que sa patronne, Marie-Gabrielle de Saint Venant, est originaire de l'Hexagone. Derrière son comptoir, elle propose avec le sourire des objets un peu vintage et des produits d'artisanat plus classiques faits main. On est loin du commerce de masse et des souvenirs *made in China* des magasins pour touristes que vous reconnaîtrez sans mal.

Fabula Urbis *(librairie)*
Rua Augusta Rosa, 27 • Ⓣ 28 Sé ou Ⓜ Terreiro do Paço • fabula-urbis.pt • 218 885 032 • je-sa 11h-13h30 et 15h-20h
Plan p. 58-59 ⑥ B5
Cette petite librairie spécialisée, située à deux pas de la vieille cathédrale de Sé (p. 60), vend des ouvrages traitant pour la plupart de Lisbonne. Le propriétaire parle le français, et sa boutique dispose de quelques ouvrages rédigés dans la langue de Molière. L'endroit idéal si vous voulez compléter vos connaissances sur la capitale.

Loja Portugueza da Baixa *(cadeaux)*
Rua dos Fanqueiros, 32 • Ⓜ Terreiro do Paço • 218 873 148 • lu-sa 10h-19h
Plan p. 58-59 ① A6
Loja Portugueza (avec un "z" !) da Baixa est un joyeux bric-à-brac où vous dénicherez sans mal de petits souvenirs à offrir à vos proches ou à vous-même. Boîtes à gâteaux (vides ou pleines...) ornées d'un tramway 28, tasses, dessous de table, savons, bougies, et mille et un autres objets vous y attendent. Le point commun de tous les produits vendus dans cette petite boutique ? Ils sont certifiés 100 % portugais, au contraire des boutiques de souvenirs qui pullulent dans le centre-ville et ne proposent que du *made in China*.

Santos Ofícios *(cadeaux)*
Rua da Madalena, 87 • Ⓜ Terreiro do Paço ou Baixa-Chiado • www.santosoficios-artesanato.pt • 218 872 031 • lu-sa 10h-20h
Plan p. 58-59 ③ A5
Cette adorable boutique est spécialisée dans l'artisanat provenant du petit coin de paradis sur Terre

qu'est l'île de Madère. Située juste en face de l'église de Madalena, elle commercialise des masques, de la céramique, des paniers et de petits azulejos, dans une ambiance d'artisan à l'ancienne.

Amar Lisboa *(cadeaux)*
Campo das Cebolas, 44-46 • Ⓜ Terreiro do Paço • 911 886 138 • tlj 10h-19h
Plan p. 58-59 ⑧ B6

Quand on s'appelle "Aimer Lisbonne", impossible de proposer à ses visiteurs des souvenirs fabriqués en masse et quasiment interchangeables, que l'on trouve dans les trop nombreuses "boutiques à touristes" à fuir absolument. Ce magasin propose des produits originaux et locaux, notamment de jolis tee-shirts et sacs en toile sur le thème de Lisbonne. Idéal pour des cadeaux ou tout simplement pour se faire plaisir.

Conserveira de Lisboa *(alimentation)*
Rua dos Bacalhoeiros, 34 • Ⓜ Baixa-Chiado • conserveiradelisboa.pt • 218 864 009 • lu-sa 9h-19h
Plan p. 58-59 ② A5

Depuis que cette conserverie de poissons a eu les honneurs d'un reportage de la télé française, elle est devenue l'un des passages obligés des touristes en quête de produits aussi locaux qu'originaux. Vous y trouverez toutes sortes de conserves de sardines, de thons et d'autres poissons.

Garrafeira da Sé *(alimentation)*
Rua São João da Praça, 116 • Ⓣ 28 Sé ou Ⓜ Terreiro do Paço • 218 869 549 • lu-ve 9h-19h, sa 9h-18h
ADORO
Plan p. 58-59 ⑦ B5

Situé à deux pas de la cathédrale de Sé (p. 60), le Garrafeira da Sé est un caviste dans lequel vous pourrez trouver une excellente sélection de vins portugais et notamment de vins de Porto. Le patron est adorable et se pliera en quatre pour vous aider avec ses quelques mots de français. Livraison possible en France.

BAIRRO ALTO

La nuit, le Bairro Alto se transforme en un gigantesque bar à ciel ouvert où l'on déambule un verre en plastique à la main. La journée, les bars cèdent leur place à des concept stores et autres boutiques branchées. Les enseignes ouvrent et ferment à une vitesse folle, alors n'hésitez pas à vous balader dans les petites ruelles à la recherche d'une bonne affaire.

Loja Quer *(mode)*
Rua da Escola Politecnica, 82-A • Ⓜ Rato • 966 625 296 • lu-sa 10h30-19h30
Plan p. 72-73 ① B1

Les bambins devraient adorer cette boutique mêlant jouets, livres et poupées dans une ambiance savamment désordonnée. Les produits font la part belle au bois en favorisant l'éveil des plus petits. Les nostalgiques des jouets à l'ancienne regarderont probablement d'un œil attendri les chevaux à bascule en bois tout droit sortis d'un autre siècle. Les jeux vidéo y sont évidemment bannis !

Mini by Luna *(mode)*
Rua Dom Pedro V, 74 •
M Rato ou Baixa-Chiado •
213 465 161 • lu-sa 10h-20h
Plan p. 72-73 5 H4
Comme son nom l'indique, cette ravissante boutique située à quelques pas du jardin du Principe Real s'adresse aux plus petits (0-12) et propose dans une ambiance douce et raffinée des vêtements, accessoires et objets de décoration. Les mamans ne sont pas oubliées et trouveront également leur bonheur parmi des collections élégantes et de qualité.

DCK *(mode)*
Rua da Misericórdia, 63 •
M Baixa-Chiado • dck.pt •
919 403 799 • tlj 11h-19h
Plan p. 72-73 6 H4
Cette boutique de maillots de bain vaut le déplacement, même si vous êtes déjà équipé pour affronter les vagues des plages de Lisbonne. On y accède via une rampe en bois, typique des plages du littoral. À l'intérieur se trouve un aquarium dans lequel barbotent quelques poissons, dont deux mini-requins. Pour le reste, vous y trouverez une jolie collection de maillots de bain pour homme.

Embaixada *(concept store)*
Praça do Príncipe Real, 26 •
M Rato • embaixadalx.pt •
965 309 154 • tlj 12h-20h
Plan p. 72-73 4 F1
L'Embaixada ("ambassade" en français) est un concept store situé dans un édifice emblématique du quartier du Príncipe Real, juste en face du ravissant jardin du même nom. À l'intérieur, vous découvrirez une galerie composée de petites boutiques de créateurs de mode – attention à votre budget –, un café et quelques magasins pleins de souvenirs vintage sortant un peu de l'ordinaire. Les amoureux d'architecture se passionneront pour le style mudéjar de ce superbe immeuble.

Companhia Portugueza do Chá *(alimentation)*
Rua Poço dos Negros, 123 • T 15 ou M Cais do Sodré • 213 951 614 •
lu-sa 10h30-20h30
Plan p. 72-73 2 D5

On a cassé la tirelire !

“La compagnie portugaise du thé” est une véritable caverne d’Ali Baba pour les amateurs de thé en tout genre. Une boutique incontournable pour les amoureux de boissons chaudes et autres infusions !

Loja das Conservas *(alimentation)*
Rua do Arsenal, 130 • Ⓜ Terreiro do Paço ou Cais do Sodré • mercadodasconservas.pt • 911 181 210 • tlj 10h-21h
Plan p. 72-73 7 H5
Cette boutique de conserves est située entre la Praça do Comércio et la gare de Cais do Sodré. Vous y trouverez une extraordinaire collection de poissons en boîte (thon, sardine, morue ou poulpe), pour tous les goûts et à toutes les sauces. Un cadeau original à ramener dans vos valises, sans avoir à vous ruiner. La marchandise peut également être expédiée si vous souhaitez disposer d’un stock pour les dix prochaines années...

PARQUE DAS NAÇÕES

Le quartier qui a hébergé l’Exposition universelle de Lisbonne en 1998 concentre essentiellement ses adresses shopping dans l’immense centre commercial Vasco da Gama. Toutes les plus grandes enseignes internationales y sont regroupées, sur trois niveaux.

Imaginarium *(jouets)*
Centro Comercial Vasco da Gama, Avenida Dom João II, 1 • Ⓜ Oriente • imaginarium.pt • 218 930 601 • tlj 10h-0h
Plan p. 96 1 B1
Cette chaîne de magasins de jouets s’adresse aux plus petits. Les produits font la part belle au bois, et les jeux et jouets proposés sont pour la plupart à visée éducative. Vous ne trouverez pas la poupée à la mode ici. Le magasin est reconnaissable de loin, grâce à sa petite porte réservée aux enfants, juste à côté de l’entrée pour les adultes.

Centro Comercial Vasco da Gama *(centre commercial)*
Avenida Dom João II, 1 • Ⓜ Oriente • centrovascodagama.pt • 218 930 601 • tlj 9h-0h
Plan p. 96 2 B1
Cet énorme centre commercial ultramoderne a été construit à l’occasion de l’Exposition universelle de Lisbonne, en 1998. Il faisait alors

office de hall d'entrée de l'Exposition et a ensuite été transformé en temple de la consommation. Vous y trouverez les grandes marques internationales, que nous ne nommerons pas ici, ainsi qu'un immense espace consacré à la restauration. Même si le gigantisme des lieux vous effraie, allez malgré tout en faire une rapide visite. L'architecture et la décoration, sur le thème des océans, valent tout de même le déplacement.

AU-DELÀ DU CENTRE-VILLE

Si vos pas vous mènent en dehors du centre-ville, jetez un œil sur notre sélection. Vous y trouverez les plus grands centres commerciaux de la capitale portugaise (notamment le gigantesque Colombo), quelques concept stores originaux et l'enseigne El Corte Inglés, une chaîne de grands magasins extrêmement populaire chez le voisin espagnol. Le shopping ne s'arrête pas à la frontière des quartiers historiques !

Antimilk *(mode)*

Rua Francisco Metrass, 83 • B 774 Rua Quatro de Infantaria • antimilk.pt • 213 970 773 • lu-ve 10h30-19h30, sa 10h30-18h30

Attention, boutique interdite aux parents et aux garçons ! Cette marque, plutôt chic, ne s'adresse en effet qu'aux filles âgées de 8 à 18 ans. Besoin de vêtements pour aller à l'école, traîner le week-end ou faire la fête ? Précipitez-vous chez Antimilk, qui permet aux pré-ados et ados soucieuses de leur look de s'habiller "comme les grandes".

Fio Rosa *(mode)*

Rua Passos Manuel, 102C • B 706, 726 Jardim Constantino ou M Picoas • fiorosa.com • 216 060 246 • lu-ve 9h-18h

C'est connu : le bikini est très populaire au Brésil ! Alors, rien de plus normal que les maillots de bain de cette créatrice brésilienne soient parmi les plus recherchés. Fio Rosa propose une jolie collection féminine qui vous permettra de vous pavaner sur les plages. Ou quand votre vie balnéaire ne tient qu'à un fil... de bikini !

Lx Factory *(concept store)*

Rua Rodrigues de Faria, 103 • B 714 ou T 15 Calvário • lxfactory.com • 213 143 399 • tlj 6h-4h

Le Lx Factory (Lx étant l'abréviation de Lisboa) est un concept store rassemblant en un même lieu des boutiques, des petites galeries d'art, un salon de thé et quelques restaurants branchés, que les mauvaises langues décriraient comme un repaire de bobos... L'ambiance culturelle y est très marquée et attire tous les week-ends de très nombreux Portugais.

Bairro Arte *(cadeaux)*
Rua Rodrigues de Faria, 103 • T 15 Calvário • bairroarte.com • 914 439 543 • lu-je 9h-0h, ve 9h-1h, sa 10h-1h, di 10h-23h
Ce magasin propose une multitude d'objets vintage et de gadgets qui amuseront à coup sûr les plus jeunes de nos lecteurs ainsi que leurs parents. Un bric-à-brac original et indescriptibledont le seul inconvénient est d'être un peu excentré, mais cet endoit est absolument idéal quand on n'a acune idée de ce que l'on cherche. Profitez-en pour découvrir les autres concept stores de Lx Factory, très animé le week-end.

Pimenta Rosa *(alimentation)*
Rua Francisco Metrass, 2A • T 28 Igreja Santo Condestável • pimentarosa.pt • 213 904 621 • lu-sa 10h30-20h
Cette épicerie fine propose d'excellents produits : vins, charcuterie, conserves, huile d'olive, compotes, confitures... Voilà ce qui vous attend dans cette boutique du quartier populaire et un peu excentré de Campo d'Ourique. À découvrir si vos pas vous mènent au terminus du tramway 28, situé non loin.

Centro Comercial Colombo *(centre commercial)*
Avenida Lusíada • M Colegio Militar • colombo.pt • 217 113 600 • tlj 9h-0h
Le centre commercial de Colombo, dans le nord de la ville, est sans conteste LE temple de la consommation de la capitale portugaise, et le plus grand du pays. Songez que quelque 430 boutiques s'y répartissent sur plus de 120 000 m^2 ! Autant dire que vous y trouverez absolument de tout, y compris un énorme complexe de salles de cinéma (pour les anglophones, sachez que les films ne sont jamais doublés au Portugal), un parc d'attractions, et même un espace où vous pourrez laisser vos enfants sous bonne garde ! Si vous vous y rendez un dimanche, vous constaterez que le Colombo est plus qu'un centre commercial : c'est en effet le lieu où l'on se promène en famille. Vous découvrirez également un immense espace de restauration au dernier étage, dans un étonnant décor de palmiers en carton-pâte semblant tout droit sorti d'un dessin animé de Walt Disney.

Centro Comercial das Amoreiras *(centre commercial)*
Avenida Eng. Duarte Pacheco • B 711 Centro Comercial das Amoreiras • amoreiras.com • 213 810 240 • 10h-23h
Le centre commercial des Amoreiras ("mûriers" en français) est le premier grand espace moderne du genre à avoir ouvert ses portes à Lisbonne, à la fin des années 1980. Ce qui explique sa taille humaine, en comparaison des centres Colombo ou Vasco da Gama. L'offre y est très classique et regroupe toutes les grandes marques

internationales. Ne vous étonnez pas si l'on y parle volontiers la langue de Molière : les Amoreiras sont situés juste en face du lycée français de la capitale.

El Corte Inglés *(grand magasin)*
Avenida António Augusto de Aguiar, 31 • M São Sebastião • elcorteingles.pt • 707 211 711 • lu-je 10h-22h, ve-sa 10h-23h30, di uniquement supermarché 10h-23h
El Corte Inglés est une chaîne de grands magasins extrêmement populaire en Espagne. La filiale portugaise s'est imposée dans le paysage commercial de la capitale et dispose sur plusieurs niveaux d'une offre qui n'a rien à envier à ce que proposeraient par exemple le Printemps ou les Galeries Lafayette. En sous-sol, le grand supermarché attire une clientèle à la recherche de produits que l'on ne trouve pas forcément ailleurs à Lisbonne, notamment des spécialités espagnoles. À noter, l'excellente épicerie gourmet juste en face du supermarché.

LES MARCHÉS

La culture du marché s'est perdue à Lisbonne. Les halles couvertes de Cais do Sodré et de Campo de Ourique ont notamment été transformées en espaces branchés où se bousculent les restaurants à la mode. Dans le centre n'a survécu que le marché bio du Príncipe Real et l'emblématique marché aux puces du quartier d'Alfama.

Feira da Ladra
Campo de Santa Clara • T 28 Calçada de São Vicente • sa et ma 8h-16h30
Plan p. 58-59 10 E3
Ce marché aux puces est le plus connu de Lisbonne. L'ambiance y est extraordinaire. Situé en face du Panthéon, derrière l'église São Vicente de Fora, il est divisé en deux parties, de façon informelle : une première où vous trouverez les habituels disquaires et vendeurs de vêtements typiques des marchés aux puces, et une seconde, au niveau du Panthéon, qui rassemble un joyeux bric-à-brac de vieux objets inclassables.

Mercado bio do Príncipe Real
Jardim do Príncipe Real • B 758 ou 773 Príncipe Real • sa 9h-14h environ
Plan p. 72-73 2 E2
ADORO
Lisbonne dispose d'un ravissant petit marché ne commercialisant que des produits biologiques, dans le jardin du Príncipe Real, à quelques pas du Bairro Alto.

Où est-ce qu'on dort ?

À Lisbonne, le récent boom touristique a eu pour conséquence de considérablement élargir l'offre de locations d'appartement, aujourd'hui pléthorique. Une solution souvent idéale pour une famille désireuse de retrouver l'intimité et le confort d'un logement privé après une journée passée à crapahuter sur les éprouvantes collines de la capitale portugaise. Mais pour les inconditionnels du service hôtelier classique, nous vous proposons ici une sélection d'hôtels et d'appart-hôtels, ces derniers alliant les avantages d'une location à ceux d'un établissement traditionnel. Pour découvrir Lisbonne dans les meilleures conditions, il est préférable d'opter pour des quartiers centraux et facilement accessibles, comme ceux de la Baixa, du Chiado ou du Rossio. Le charme d'Alfama est certes irrésistible, mais ses ruelles sont escarpées et peu pratiques avec de jeunes enfants. Quant au Bairro Alto, Il pourrait se révéler assez bruyant le week-end. Nos adresses préférées sont signalées par ce picto

LES HÔTELS ET APPARTS-HÔTELS

Les tarifs varient en fonction du taux d'occupation, de la saison et de la date de réservation. Pour vous permettre de vous repérer facilement, nous avons classé les établissements par gamme de prix, sur la base d'un hébergement pour 2 adultes et 2 enfants réservé 2 mois à l'avance en basse saison. Les prix augmentent en haute saison mais, si vous vous y prenez tôt, le prix peut rester identique dans certains établissements. Nous avons sélectionné de préférence des hôtels avec des chambres familiales mais, dans certains cas, il vous faudra prendre 2 chambres. Nous avons indiqué (2) lorsque le budget est basé sur 2 chambres.

€ ou € (2) = moins de 150 €
€€ ou €€ (2) = entre 151 € et 200 €
€€€ ou €€€ (2) = entre 201 € et 300 €
€€€€ ou €€€€ (2) = plus de 300 €

LES LOCATIONS D'APPARTEMENTS

Les offres de location d'appartement sont abondantes et s'avèrent souvent une solution économique et très pratique, notamment avec des enfants en bas âge. Plusieurs agences internationales de locations entre particuliers servent de centrale de réservation. En voici une sélection: airbnb.com, bedycasa.com, sweetinn.com, homelidays.com…

Voici quatre symboles pour vous permettre de repérer facilement les petits plus de nos logements.

- **W** Wi-fi gratuit dans les chambres
- **R** Restaurant sur place
- **K** Kitchenette et/ou four à micro-ondes
- **P** Piscine

BAIXA ET CHIADO

Séjourner dans les quartiers de la Baixa ou du Chiado, c'est l'assurance d'être au cœur du magnifique centre-ville historique de Lisbonne et de pouvoir visiter ses principaux points d'intérêts à pied, un avantage certain pour une courte escapade en famille. C'est aussi la garantie de disposer d'une offre incomparable de restaurants, de pâtisseries ou de bars autour de votre établissement.

Almaria Ex Libris Apartments

Rua da Misericórdia, 137 •
M Baixa-Chiado (5 min) •
almaria.pt • 913 050 696
€ • 18 appart.
W K Plan p. 42-43 1 C1

Cette magnifique résidence, entièrement rénovée, bénéficie de nombreux atouts de choc. Elle est d'abord idéalement située, entre le Bairro Alto et le Chiado, avec le Rossio accessible en quelques minutes à pied. Ses 18 appartements confortables et décorés avec beaucoup de goût sont parfaitement équipés pour accueillir des familles. Au choix: appartements de 2 ou 3 chambres, dont certains sont dotés d'une terrasse donnant sur le Tage, un luxe très recherché à Lisbonne. Cerise sur le gâteau: l'édifice, typiquement pombalin, est revêtu de très jolis azujelos.

Lisbon Five Stars Apartments – Correeiros 28

Rua dos Correeiros, 28 •
M Baixa-Chiado (3 min) •
lisbonfivestars.pt • 925 345 615
€€ • 10 appart.
W K Plan p. 42-43 3 F2

Cette résidence hébergée dans un immeuble centenaire est localisée dans une petite rue piétonne dotée de nombreux restaurants traditionnels, à quelques minutes à pied seulement de la Praça do Comércio et du Rossio. Le métro est à deux pas, ainsi que la cathédrale de Sé (p. 60). Difficile de faire plus central! Les appartements (jusqu'à 3 chambres) sont modernes et agréables, certains sont décorés de superbes azulejos du XVIIIe siècle, leur donnant une touche typiquement pombaline.

Lisbon Five Stars Apartments – São Julião 72

Rua de São Julião, 72 •
M Baixa-Chiado ou Terreiro do Paço (5 min) •
lisbonfivestars.pt • 925 345 615
€€ • 10 appart.
W K Plan p. 42-43 4 F2

Cet immeuble dispose d'une offre sensiblement identique à notre suggestion précédente (il s'agit en fait de la même chaîne). Bien que situé à quelques centaines de mètres à peine de la Praça do Comércio, il est implanté dans une rue assez calme. Les appartements sont dotés de 2 ou 3 chambres, idéal pour une famille jusqu'à 6 personnes, et les cuisines entièrement équipées. Coup de cœur pour ceux situés sous les combles, qui jouissent d'une vue sur la cathédrale de Sé (p. 60).

Emporium Lisbon Suites

Rua dos Bacalhoeiros, 18 •
M Terreiro do Paço (4 min) •
emporiumlisbonsuites.com •
218 871 588
€€ • 8 appart.
W K Plan p. 42-43 5 H2

À quelques centaines de mètres de la Praça do Comércio et de la cathédrale, cette pimpante résidence a ouvert ses portes dans une rue quasi piétonne, dans laquelle vous trouverez de nombreux restaurants et boutiques. Ses 8 appartements disposent d'une décoration originale qui plaira à coup sûr aux plus petits. Certains murs sont en effet ornés d'immenses posters de vue ou de monument de Lisbonne, procurant un étonnant effet en trompe-l'œil. Des appartements bénéficient d'un splendide panorama sur le Tage. L'excellent restaurant de tapas Taberna Moderna (p. 153) se trouve au pied de l'immeuble.

Hotel Lis – Baixa

Rua dos Douradores, 146 •
M Baixa-Chiado (4 min) •
hotellis.pt • 218 805 050
€€€€ (2) • 49 ch.
W R Plan p. 42-43 2 F1

Cet hôtel 4 étoiles est situé dans une rue calme, à mi-chemin entre le quartier de la Baixa et celui d'Alfama. Le métro et la cathédrale de Sé (p. 60) sont à 5 min à pied. Bien que ne disposant que de chambres doubles (assez peu spacieuses, il faut l'admettre), sa décoration originale sur les thèmes de la littérature ou de la mode nous a particulièrement séduits. Certaines chambres bénéficient d'un balcon. L'excellent restaurant de l'hôtel vous servira de copieux petits déjeuners. Terrasse très agréable en été.

ROSSIO ET RESTAURADORES

Le quartier du Rossio est le poumon de la capitale portugaise. Si vous y séjournez, vous serez au centre de tout et disposerez d'une incroyable offre de restaurants et de boutiques, dont les très luxueuses adresses de l'Avenida da Liberdade. Et, bien sûr, où que soit votre hôtel, le métro ne sera jamais très loin.

Hello Lisbon Rossio Apartments

Calçada do Carmo, 43 • M Rossio ou Restauradores (5 min) • hello-lisbon.com • 937 770 007
€€ • 20 appart.
W K Plan p. 52-53 1 D5

Cette petite résidence, installée à 2 min à pied de la superbe gare du Rossio, abrite des appartements de style contemporain, mariant meubles blancs et parquet de bois clair, ce qui les rend très agréables et lumineux. Les plus grands (60 m²) disposent de 2 chambres munies de lits doubles, d'un salon avec un canapé-lit et d'une petite cuisine parfaitement équipée. L'un des points forts de l'établissement réside dans son excellente isolation, qui vous permettra de jouir d'un calme olympien malgré l'agitation régnant dans le quartier.

Hotel Gat Rossio

Rua Jardim do Regedor, 27-35 • M Restauradores (2 min) • hotelgatrossio.com • 213 478 300
€€ (2) • 71 ch.
W Plan p. 52-53 2 D4

Situé entre la Praça do Rossio et celle de Restauradores, cet hôtel à la décoration acidulée, largement inspirée des années 1970, fait la part belle au vert pomme, au blanc et au noir. Parmi les 71 chambres, certaines proposent un grand lit double et un lit simple, idéal pour un couple avec un enfant ou un ado. Si vous êtes 4, il vous faudra prendre 2 chambres. Les grandes tablées pour le petit déjeuner en font un lieu très convivial. Point fort : la vaste terrasse. Point faible : la taille des salles de bains.

Hotel Florida

Rua Duque de Palmela, 34 • M Marquês de Pombal (1 min) • florida.lisbon-hotel.org • 213 576 145
€€ • 72 ch.
W R Plan p. 52-53 5 D2

Idéalement situé, puisque à deux pas du métro Marquês de Pombal, l'hôtel Florida enchantera les amateurs du 7e art avec sa décoration originale et un peu rétro axée sur les grands classiques du cinéma (posters d'acteurs ou affiches de film dans les chambres). Il dispose de belles chambres familiales pouvant recevoir une famille de 4. Si vous souhaitez une vue dégagée, évitez les chambres donnant sur la terrasse intérieure.

BessaHotel Liberdade

Avenida da Liberdade, 29 •
M Restauradores (3 min) •
lisbon.bessahotel.com • 213 210 500
€€€ • 113 ch.
W K R P Plan p. 52-53 3 C3

Hôtel design à la décoration chic, ce superbe établissement très central a ouvert ses portes au beau milieu de l'Avenida da Liberdade et dispose d'atouts non négligeables pour une famille : une piscine intérieure et une terrasse. Les chambres familiales (jusqu'à 4 personnes) de cet édifice, de style pombalin, sont spacieuses et disposent toutes d'une chaîne hi-fi.

Rossio Garden Hotel

Rua Jardim do Regedor, 24 •
M Restauradores (2 min) •
rossiogardenhotel.com • 213 404 240
€€€ (2) • 56 ch.
W Plan p. 52-53 6 E4

Cet établissement de caractère superbement rénové (l'édifice date de 1900) jouit d'une situation privilégiée, en plein Rossio. Les chambres offrent de beaux espaces et une décoration classique qui contraste avec l'originalité de sa réception avec ses superbes fresques aux murs, et son salon gris rehaussé de touches rouge vif (coussins, lampes, sièges).

Tivoli Jardim

Rua Júlio César Machado, 7-9 •
M Avenida (1 min) • tivolihotels.com •
213 591 000
€€€€ (2) • 119 ch.
W R P Plan p. 52-53 4 A2

Ce grand classique de l'hôtellerie lisboète est idéalement situé à quelques mètres de l'Avenida da Liberdade. Les chambres sont spacieuses et raffinées. L'ambiance un peu impersonnelle, comme le sont les établissements s'adressant avant tout à des professionnels en déplacement, est largement compensée par la piscine extérieure panoramique.

ALFAMA

Séjourner dans ce quartier vous donnera la sensation d'habiter dans un village typique aux rues étroites et escarpées. Le dépaysement est garanti, mais il y a malheureusement un prix à payer : Alfama est pentu et difficile d'accès, ce qui peut être compliqué avec de jeunes enfants.

Solar Dos Mouros

Rua do Milagre de Santo António, 6 •
M Terreiro do Paço (10 min) ou
B 737 Costa do Castelo (5 min) •
solardosmouroslisboa.com •
218 854 940
€€€ (2) • 13 ch.
W R P Plan p. 58-59 1 B5

Situé dans la "rue du miracle

de saint Antoine", à quelques minutes à pied du Castelo São Jorge (p. 64) et de la Sé (p. 60), cet hôtel plein de charme jouit d'un panorama exceptionnel sur le château ou sur le Tage, depuis les 4e et 5e étages. Les chambres, spacieuses et décorées de façon moderne, peuvent accueillir jusqu'à 3 personnes (2 adultes et 1 enfant/ado). Quant aux amateurs d'alimentation saine, ils apprécieront à coup sûr le jus de fruit bio servi au petit déjeuner ! Magnifique terrasse.

Hotel Convento do Salvador

Rua do Salvador, 2B • T 28 Rua das Escolas Gerais (2 min) • conventosalvador.pt • 218 872 565
€€€ (2) • 43 ch.
W P Plan p. 58-59 2 C4

Ce superbe hôtel s'est installé dans un ancien couvent situé en plein cœur d'Alfama, à quelques pas du Miradouro das Portas do Sol (p. 37) et du château São Jorge (p. 64). On est loin de l'ambiance escomptée d'un couvent. L'art, le confort et la modernité ont conquis chaque mètre carré. Un vaste ensemble d'œuvres d'art d'artistes portugais, parmi les plus renommés, est exposé dans les zones communes et les chambres. À souligner : la gentillesse du personnel de l'établissement. Les chambres (certaines ont une vue panoramique sur le château ou sur le Tage) sont lumineuses et modernes. Superbe patio. Un bémol néanmoins : il est un peu difficile d'accès et ne propose uniquement des chambres doubles.

BAIRRO ALTO

Le Bairro Alto est avant tout le quartier de la nuit, le lieu où, du jeudi au samedi, la jeunesse lisboète envahit les bars et les restaurants des ruelles. Les hôtels situés dans cette zone sont un point de départ intéressant pour découvrir la ville, mais peuvent être un peu bruyants.

Hello Lisbon São Bento Valley Boutique Apartments

Rua de Pedro Dias, 19 •
T 28 Calçada do Combro (5 min) • hello-lisbon.com • 937 770 007
€ • 18 appart.
W K P Plan p. 72-73 2 E4

Membre de la chaîne d'appart-hôtel Hello Lisbon, cette résidence se situe à quelques minutes du parlement et échappe à l'animation nocturne du Bairro Alto. Les appartements sont spacieux, très lumineux et sobrement décorés. Certains jouissent d'une terrasse. Très agréable jardin. Le petit plus pour les enfants ? Une belle piscine extérieure ! Peu accessible en transport (tramway 28 uniquement), donc pas facile pour se déplacer avec des bambins.

Lisbon Five Stars Apartments – Gaivotas 18

Rua Gaivotas, 18 • M Cais do Sodré (15 min) ou T 28 Calçada do Combro (5 min) • lisbonfivestars.pt • 925 345 615
€€ • 16 appart.
W K Plan p. 72-73 1 E5

Cette magnifique résidence dispose de 16 appartements de deux-pièces très bien décorés. Parfaitement équipés, les espaces sont vastes et très lumineux. Tous les appartements disposent de 2 chambres et d'un salon avec canapé-lit. L'édifice est situé dans une rue très calme, à une quinzaine de minutes de la gare et du métro Cais do Sodré. Un peu excentré pour tout visiter à pied avec de jeunes enfants.

Lisbon Colours

Travessa da Queimada, 44 • M Restauradores (9 min) ou Baixa-Chiado (7 min) • lisboncolours.com • 914 736 390
€€ • 10 appart.
W K Plan p. 72-73 3 G3

Cette petite résidence se compose d'appartements à la décoration cosy, dont certains disposent d'une terrasse ou d'un balcon donnant sur le Tage. Les murs pastel et les grandes fenêtres apportent beaucoup de luminosité. Attention cependant : le Lisbon Colours est situé en plein cœur du Bairro Alto, dans une rue très animée qui peut se révéler bruyante le week-end. Fermeture des fenêtres indispensable !
En contrepartie, il s'agit d'un lieu idéal pour profiter de l'animation ambiante. Superbe vue depuis les appartements des étages supérieurs.

Palácio Camões

Largo do Calhariz, 16A • M Baixa-Chiado (9 min) • palaciocamoes.com • 936 666 600
€€ • 10 appart.
W K Plan p. 72-73 5 G4

Le concept de cet établissement d'appart-hôtel est "Vivre dans un appartement plutôt qu'à l'hôtel ne veut pas dire être privé de service". Ce superbe édifice, classé au patrimoine national, dispose d'une terrasse offrant une vue sur le Tage à couper le souffle. Vous pourrez profiter de ce panorama si votre appartement possède un balcon. Les deux-pièces "luxe" de 150 m² (avec 2 salles de bains) peuvent accueillir confortablement jusqu'à 6 personnes. Quant aux T1 de 75 m², certains en duplex, ils feront le bonheur d'une famille de 4.

Lisbon Five Stars Apartments – 8 Building

Praça Dom Luís I, 30 • Cais do Sodré (5 min) • lisbonfivestars.pt • 925 345 615
€€ • 40 appart.
W K Plan p. 72-73 6 F5

Cette belle résidence est située dans le quartier de Cais do Sodré. L'immeuble en lui-même est magnifique, notamment grâce à sa surprenante tour. Autre point fort : la superbe vue sur le Tage. Les appartements, dont la décoration de style contemporain est très soignée, disposent de 1 à 3 chambres et peuvent accueillir jusqu'à 6 personnes.

The Lumiares Hotel & Spa

Rua do Diário de Notícias 142 • Baixa-Chiado (10 min) • thelumiares.com/fr • 211 160 200
€€€€ • 53 appart.
W K R Plan p. 72-73 4 H2

Si vous recherchez l'espace qu'offre un appartement et les services d'un hôtel de luxe, cet établissement est fait pour votre petite famille ! Cette ancienne demeure du XVIIe siècle a été transformée en un luxueux ensemble de 53 appartements (de 35 à 120 m²) conçus avec grand soin. La décoration mêle design et artisanat portugais. Les grandes hauteurs sous-plafond et les parquets confèrent une atmosphère chaleureuse. Côté cuisine, vaisselle et équipements sont au top... On se croirait dans un magazine de déco ! Coup de cœur pour le panorama offert par le *rooftop* qui abrite un restaurant. Au pied de l'hôtel se trouvent le miradouro de São Pedro de Alcântara (p. 39) et l'ascensor da Glória (p. 35). Si vous êtes amateurs de Street Art, vous serez comblés, car vous êtes à deux pas d'une zone dédiée à cet art urbain: la Calçada da Gloria (qui longe la route de l'ascensor da Glória).

Martinhal Lisbon Chiado Family Suites

Rua das Flores, 44 • Cais do Sodré ou Baixa-Chiado (5 min) • martinhal.com • 218 507 788
€€€€ • 37 appart.
W K Plan p. 72-73 7 H5

Cette élégante résidence de 37 appartements spacieux, joliment décorés et très bien équipés, fait le pari des familles. Tout a été conçu pour aider au mieux les parents dans la gestion quotidienne de leurs bambins, avec notamment un club enfants accessible à partir de 6 mois. Il vous permet de partir en visite, tandis que l'on bichonne votre progéniture. Service de baby-sitting, chauffe-biberon, stérilisateur, barrière de sécurité pour les lits... Ils ont pensé à tout !

AU-DELÀ DU CENTRE-VILLE

Loger en dehors du centre-ville permet de combiner les charmes de la capitale portugaise, tout en profitant d'établissements plus grands et disposant d'équipements parfois difficiles à trouver en plein centre, comme des spas ou des piscines. Le réseau du métro vous permettra néanmoins de vous déplacer facilement.

Hotel Roma

Avenida da Roma, 33 • M Roma (4 min) • hotelroma.pt • 217 932 244
€ • 263 ch.
W R

L'hôtel Roma est situé sur l'Avenida da Roma, une artère moderne pas désagréable. Le métro est à 250 m de la porte de l'établissement et vous conduira au Rossio ou au Chiado en une petite quinzaine de minutes. Les chambres de cet établissement offrent de beaux espaces et une décoration classique. Le parquet au sol leur confère une petite touche de chaleur supplémentaire. Les chambres familiales peuvent accueillir 4 personnes.

Lutecia Smart Design Hotel

Avenida Frei Miguel Contreiras, 52 • M Roma (6 min) • luteciahotel.com • 218 411 300
€ • 175 ch.
W R

Situé à quelques pas de la moderne Avenida da Roma et du métro (centre-ville à 15 min environ), cet établissement design 4 étoiles dispose de chambres spacieuses et très joliment décorées, dans un style résolument contemporain. Les chambres familiales permettent de loger 6 personnes, et certaines sont dotées d'un balcon. Un spa vous y attend, ainsi qu'un restaurant indien.

Sana Malhoa Hotel

Avenida José Malhoa, 8 • M Praça de Espanha (6 min) • malhoa.sanahotels.com • 210 061 800
€€ • 185 ch.
W R

Le Sana Malhoa Hotel affiche une architecture sans grand intérêt. Un point négatif largement compensé par les chambres spacieuses et élégantes ainsi que par son restaurant panoramique. Les chambres familiales peuvent accueillir 4 personnes. Situé à proximité du grand magasin El Corte Inglés (p. 187), l'hôtel ravira les addicts du shopping. Comptez une quinzaine de minutes de transport pour rejoindre le centre. Les amateurs de détente apprécieront particulièrement le spa.

Jupiter Lisboa Hotel

Avenida da República, 46 • M Campo Pequeno (4 min) • jupiterlisboahotel.com • 210 730 100
€€ • 224 ch.
W R P

Situé à proximité d'une avenue moderne et commerciale, le Jupiter Lisboa Hotel a ouvert ses portes à quelque 200 m des arènes du Campo Pequeno et de son métro. Cela vous permettra de rejoindre le centre-ville en 20 à 25 min (avec un changement à Marquês de Pombal). Les suites Junior sont idéales pour les familles de 4. Son gros avantage : une piscine panoramique sur le toit ! Et en prime : un joli spa pour les heureux parents.

Hotel 3K Europa

Avenida da República, 93 •
M Campo Pequeno (3 min) •
hotel3keuropa.pt • 211 926 050
€€ (2) • 140 ch.
W

En pleine Avenida da República, un boulevard moderne et commerçant, cet hôtel 4 étoiles propose de grandes chambres à la décoration raffinée où dominent les tons blancs. Certaines jouissent même d'une superbe vue sur les arènes. En métro, le centre-ville est à 20-25 min (avec un changement à Marquês de Pombal). Petit hic cependant : l'établissement ne dispose pas de chambres familiales, mais seulement de chambres doubles.

Corinthia Hotel

Avenida Columbano Bordalo Pinheiro, 105 • M Jardim Zoologico (6 min) •
corinthia.com • 217 236 363
€€€ • 518 ch.
W R P

Cet immense établissement est idéal pour les amateurs d'hôtels de style international où luxe rime avec efficacité. Le métro, situé à une centaine de mètres, permet de rejoindre le centre-ville en une vingtaine de minutes. Les chambres familiales se composent de 2 chambres communicantes avec 2 salles de bains. Côté loisirs : grande terrasse, piscine couverte et magnifique spa de 3 000 m^2.

DES HÔTELS POUR FAIRE DES SPLASHS

Après une journée de visites, que diriez-vous d'emmener votre couvée s'ébattre dans l'eau ? N'oubliez pas vos maillots de bain dans la valise !

- BessaHotel Liberdade (p. 194)
- Tivoli Jardim (p. 194)
- Hello Lisbon São Bento Valley Boutique Apartments (p. 196)
- Jupiter Lisboa Hotel (p. 198)
- Corinthia Hotel (p. 199)

On fait comment ?

Pages réservées aux parents !

Elles ne sont pas interdites à nos plus jeunes lecteurs mais, soyons honnêtes, cela risque de leur sembler plutôt ennuyeux. L'organisation étant la base d'un séjour réussi, voici des informations pratiques pour faire de votre voyage en famille à Lisbonne un succès !

FORMALITÉS D'ENTRÉE

Le Portugal fait partie de l'espace Schengen. Si les ressortissants de la Communauté européenne et les Suisses n'ont pas besoin de visa, ils doivent être en possession d'une carte d'identité ou d'un passeport en cours de validité.

À noter : si l'enfant est mineur et voyage sans ses parents, il lui faudra une carte d'identité ou un passeport à son nom.

ARRIVÉE

EN AVION

Lisbonne ne dispose que d'un aéroport, depuis lequel le centre-ville est très facilement accessible en transports publics. Deux terminaux existent, le T1 pour les compagnies régulières et le T2 pour les low cost, notamment Easyjet ou Transavia. Le premier a connu ces dernières années d'importantes transformations et ressemble désormais à un petit centre commercial hypermoderne. Le second est en revanche bien plus austère. Un café, un McDo, une ou deux boutiques, voilà ce qui vous attend au T2. Une navette gratuite relie les deux terminaux.

• **EN MÉTRO** • Le métro se trouve juste à la sortie de l'aéroport, ce qui en fait un moyen de transport très pratique pour les visiteurs débarquant à Lisbonne. Un léger bémol : il vous faudra effectuer un changement pour rejoindre le centre. Le trajet en aérobus peut se révéler plus avantageux selon l'endroit où vous vous rendez, notamment pour rejoindre le centre-ville. Comptez une trentaine de minutes de métro pour le centre-ville.

• **EN AÉROBUS** • Une navette rapide et économe relie l'aéroport au centre-ville de Lisbonne. Il s'agit de l'Aérobus, qui effectue des liaisons régulières entre le terminal 1 et différents points centraux de la capitale portugaise. Cette navette effectue des arrêts à proximité des principaux hôtels et fonctionne tous les jours entre 7h30 et 23h, toutes les 20 min (25 min à partir de 19h). Nous vous recommandons d'acheter vos billets en ligne **(aerobus.pt)**, vous bénéficierez d'une réduction. Sur Internet, le billet adulte coûte 3,60 € (au lieu de 4 € sur place), tandis que le billet enfant vous reviendra à 2 €. Il faut 20 min environ pour rejoindre le centre-ville historique.

• **EN TAXI** • Les taxis sont bon marché à Lisbonne. Comptez environ 10 à 12 € pour le centre historique, à moins que votre chauffeur ait décidé de faire trois fois le tour de la capitale (voir p. 206 pour plus d'informations).

EN TRAIN

Venir en train depuis Paris est un sacré périple, un long voyage nocturne dans des conditions que l'on a connues plus confortables. En pratique, le TGV Atlantique quitte la gare de Paris-Montparnasse à 12h28 et s'arrête à Irún 6 h plus tard. Un train de nuit dessert ensuite d'innombrables petites villes portugaises et arrive à Lisbonne vers 7h30 le lendemain matin à Santa Apolónia, à deux pas d'Alfama. Renseignements et achat des billets sur **voyages-sncf.com**.

EN VOITURE

En famille, le voyage en voiture peut se justifier, à condition de prendre son temps et suivant l'endroit d'où l'on part en France. Le temps de trajet entre Bordeaux et Lisbonne ou Lille et Lisbonne n'est bien évidemment pas le même ! Pour vous donner un ordre d'idée, environ 1700 km d'autoroute séparent Paris de la capitale portugaise. Comptez dans ce cas un peu plus de 18 h de trajet et un coût de quelque 290 €, dont 120 € de péage. Toutefois, le stationnement peut vite devenir un casse-tête selon votre quartier de résidence. Et circuler en voiture dans Alfama est quasi impossible. Des parkings souterrains sont bien sûr disponibles, mais se révéleront assez coûteux à long terme.

TRANSPORTS

Les transports en commun de Lisbonne sont plutôt efficaces, même si, configuration de la ville oblige, le métro ne peut évidemment pas accéder à tous les quartiers. Notamment celui d'Alfama, dont l'étroitesse des ruelles ne permet que la circulation des vieux tramways et d'un minibus allant jusqu'au château São Jorge.

Pour vous déplacer, le plus simple et économique est d'acquérir une carte magnétique (7 Colinas ou Viva Viagem), rechargeable à volonté et vendue soit au guichet des stations de métro soit dans les distributeurs automatiques prévus à cet effet. Ceux-ci vous permettent de sélectionner la langue affichée à l'écran (anglais ou espagnol uniquement), ce qui peut se révéler plus pratique que de devoir s'expliquer avec un employé ne parlant pas le français et difficile à comprendre derrière la vitre de son guichet.

Il vous en coûtera 0,50 € par carte magnétique et 1,45 € par trajet de bus ou de métro, contre 1,85 € si vous achetez votre billet à bord. Vous pouvez également faire le choix d'un billet à la journée : pour 6,30 € par personne (gratuit pour les moins de 4 ans), il vous permettra de prendre le bus et le métro pendant 24 h.

L'autre option pour vous déplacer est d'acheter la Lisboa Card (voir p. 206).

Le site **transporlis.pt** agrège toutes les informations relatives aux moyens de transport public de la région de Lisbonne. Bus, métro, train, tramway ou bateau : tarifs, horaires ou simulations de parcours, tout, tout, tout, vous saurez tout sur les transports en commun !

Pincée de cannelle sur un *pastel de nata* tiède, cette petite merveille de commodité est traduite en anglais. Impossible de se perdre ou d'attendre des heures un bus qui n'arrivera pas grâce à lui !

LE MÉTRO

Quatre lignes de métro sont disponibles à Lisbonne : la rouge (qui conduit au Parque das Nações et à l'aéroport), la bleue (centre historique), la jaune (centre-ville, nord de Lisbonne) et la verte (centre-ville, avenue Almirante Reis, changement vers la ligne rouge). Le prix du billet est de 1,45 € (gratuit pour les moins de 4 ans).

LES BUS

Le maillage du réseau de bus de la capitale portugaise est très dense, pour la bonne raison que les collines de Lisbonne se prêtent assez mal à la construction souterraine de lignes de métro. Les bus jaunes de la société Carris sont donc fréquents et nombreux. Attention cependant aux trajets proposés. Deux lignes peuvent avoir les mêmes points d'arrivée et de départ, mais proposer des parcours radicalement différents. Étudiez donc un minimum votre trajet pour éviter de faire en 1 h ce qui aurait dû vous prendre 20 min. Le prix du billet est de 1,45 € si vous payez par carte rechargeable et de 1,85 € à bord (gratuit pour moins de 4 ans).

LE TRAMWAY

Les tarifs du tramway (que l'on appelle ici *eléctrico*) diffèrent de ceux des bus et du métro. Le prix du dépaysement est de 2,90 € (gratuit pour les moins de 4 ans) ! Attention au tramway 28, malheureusement devenu un mode de transport touristique, au détriment des habitants : en été, il est constamment bondé et il n'est pas rare que les files d'attente au terminus de la place Martim Moniz dans le centre s'étendent sur une centaine de mètres. Des attentes de 2 h sont à prévoir au plus fort de la saison touristique. Notre conseil, partez plutôt de l'autre terminus de la ligne 28, situé en face du cimetière de Prazeres ou choisissez la ligne 24 (Parça Luis de Camões-Campolide). La ligne 15 est exploitée par des tramways ultramodernes et bien plus grands. C'est le moyen le plus simple et le plus rapide de rejoindre Belém.

LE BATEAU

Traverser le Tage est une expérience unique qui offre une magnifique perspective des collines de la ville. Pour vous offrir une croisière à prix réduit sur le fleuve, nous vous conseillons de vous rendre à la gare maritime de Cais do Sodré, où un bateau-bus vous conduira jusqu'à Cacilhas pour la modique somme de 1,25 € par personne (gratuit pour les moins de 4 ans) ! À Cacilhas, profitez-en pour vous offrir une petite balade le long du Tage (voir p. 108), le dépaysement est garanti. Lorsque vous ferez la traversée, songez que ce bateau bus est le moyen de transport quotidien de milliers de Lisboètes vivant sur la berge sud du fleuve.

LES TAXIS

Les taxis beiges de Lisbonne sont nombreux et assez facilement identifiables. Lorsqu'ils affichent une lumière verte, c'est qu'ils sont disponibles. Vous pouvez les héler directement ou vous rendre à une station, à la place du Commerce, au Rossio, sur la place du Chiado, etc. Les tarifs sont très compétitifs : la prise en charge coûte 3,25 € (3,90 € à partir de 21h et le week-end), à laquelle s'ajoute 0,47 € par kilomètre pour les trajets dans Lisbonne intra-muros. Comptez un forfait de 1,60 € si vous avez des valises ou un animal domestique. Attention : dès que vous sortez de Lisbonne, le compteur tourne beaucoup plus vite ! En revanche, il n'y a pas de surcoût pour les poussettes.

Sur la question délicate de l'intégrité des chauffeurs, sachez que la grande majorité d'entre eux est parfaitement honnête. Quelques brebis galeuses gâchent toutefois le paysage, qui n'hésitent pas à user de tous les stratagèmes pour gonfler la note. En cas de fraude évidente, notez le prix, le trajet, la plaque d'immatriculation et reportez l'incident à la police touristique, rua Augusta.

INFOS TOURISTIQUES

LISBOA CARD

Cette carte permet de voyager gratuitement à Lisbonne (bus, métro, tramway, funiculaires, lignes de train Lisbonne-Cascais et Lisbonne-Sintra), d'entrer gratuitement dans plus de 25 musées et de bénéficier de réductions ou d'autres avantages dans de nombreux musées, mais également dans certains services touristiques ou boutiques typiquement portugaises – le réseau est très évolutif, mais bien signalisé. Elle coûte 19 € par adulte et 12 € par enfant (4-15 ans), avec une validité de 24 h. Vous pouvez aussi l'acquérir pour voyager pendant 48 h ou 72 h. Plus d'informations sur le site **lisboacard.org/fr**.

CONSULAT

La section consulaire de Lisbonne se trouve au numéro 5 de la Rua Santos-o-Velho, 1249-079 et est joignable au (+351) 21 393 91 00 ou au (+351) 21 393 92 94, de 8h30 à 12h. En cas d'urgence avérée, et uniquement dans ce cas, n'hésitez pas à contacter la section prévue à cet effet au (+351) 966 160 701.

OFFICES DE TOURISME

Aéroport de Portela
tlj 7h-24h
Palacio Foz
Praça dos Restauradores • Ⓜ Restauradores • 9h-20h
Lisboa Welcome Center
Rua do Arsenal, 15 • Ⓜ Terreiro do Paço • tlj 9h-20h

SITES INTERNET

Site de la mairie de Lisbonne : **cm-lisboa.pt**
Journal en ligne à destination de la population francophone de Lisbonne : **lepetitjournal.com/lisbonne**
Visites guidées et conseil d'itinéraires : **lisbonaround.com**

VIE PRATIQUE

BANQUES

À Lisbonne, les banques sont ouvertes sans interruption entre 8h et 15h. Par ailleurs, la ville regorge de distributeurs automatiques qui vous permettront de sélectionner la langue française pour effectuer votre transaction. Les retraits en espèces sont très légèrement taxés. Pour plus d'informations, renseignez-vous auprès de votre banque en France.

Avant votre voyage, pensez à noter le numéro de téléphone à contacter pour faire opposition en cas de perte ou de vol de votre carte bancaire. Attention, certains restaurants, notamment les plus modestes, n'acceptent pas les cartes de crédit.

CLIMAT

Il peut faire très chaud à Lisbonne en juillet et en août, jusqu'à 35 °C. Pensez à bien vous hydrater et à protéger les enfants du soleil. Atlantique oblige, la capitale portugaise peut aussi être soumise à de très fortes pluies, notamment en avril. Dans ce cas, pas de panique, des vendeurs de parapluies à la sauvette apparaissent comme par magie ! En revanche, attention aux trottoirs glissants : en cas d'intempéries, les petits pavés si typiques qui ornent les trottoirs de Lisbonne peuvent devenir une vraie patinoire. Le printemps (mai-juin) est probablement la meilleure saison pour visiter la ville, le thermomètre affichant rarement à cette période une température supérieure à 25 °C.

POURBOIRE

Contrairement à la France, le service n'est pas inclus dans l'addition. L'usage recommande de laisser un pourboire de 10 à 15 % de la note.

POUSSETTES

Entre pavés et rues escarpées, avouons-le, Lisbonne n'est pas la ville la plus "poussette friendly" du monde... Munissez-vous de chaussures confortables ! En été, mieux vaut éviter le tramway 28 avec une poussette. Il est constamment bondé.

SÉCURITÉ

Lisbonne est une ville particulièrement sûre, même si, bien entendu, des vols sont, comme partout ailleurs, à signaler. Attention aux redoutables et habiles pickpockets des tramways 15 et 28 ! En terrasse de café ou de restaurant, prenez soin de vos affaires. Si vous vous déplacez en voiture, ne laissez rien en vue à l'intérieur de votre véhicule.

En revanche, n'hésitez pas à vous offrir une petite promenade nocturne dans le centre historique de Lisbonne, vous ne craindrez rien. Évitez toutefois les ruelles les plus sombres d'Alfama la nuit, ainsi que les alentours des stations de métro Intendente ou Anjos.

Dans le centre-ville, principalement la rua Augusta ou le quartier du Rossio, il vous sera difficile d'échapper aux dealers proposant des substances illicites. Les ignorer est encore la meilleure façon de s'en débarrasser.

SANTÉ

Avant le départ, n'oubliez pas de vous munir d'une carte européenne d'assurance maladie pour bénéficier de la prise en charge des soins médicaux lors de votre séjour.

PHARMACIES

Il existe des pharmacies de garde dans tous les quartiers. Sur la devanture de chaque officine, vous trouverez la liste des établissements les plus proches ouverts 24 h/24. La liste est également consultable sur le site **portaldasfarmacias.com**.

Voici deux pharmacies situées dans le quartier de Baixa-Chiado, où l'on parle français.

Farmacia Andrade
Rua do Alecrim, 125 • M Cais do Sodré • 213 241 670 • farmaciaandrade.pt • lu-ve 8h-20h, sa-di 10h-19h

Farmácia Barreto
Rua do Loreto, 24 • M Baixa-Chiado • 213 244 044 • lu-ve 9h-20h, sa 9h-13h

MÉDECINS FRANCOPHONES

Ne vous rendez aux urgences que si cela est vraiment nécessaire, l'attente y est souvent longue et les conditions parfois précaires. Certains médecins se déplacent à domicile : renseignez-vous auprès de votre hôtel. En cas de maladie, le consulat pourra vous mettre en relation avec un médecin agréé par ses services et tiendra à votre disposition, dans la mesure du possible, une liste de médecins spécialisés.

URGENCES

Appelez :
– le **112** pour les urgences médicales et la police ;
– le **808 242 424** pour une assistance médicale (urgences, informations générales, conseils thérapeutiques) ;
– le **116 000** Enfants perdus.

Où est passé mon enfant ?
Donnez à l'ado ou accrochez autour du cou de votre enfant une carte avec votre adresse locale et votre numéro de téléphone portable sans le 0.
Ex. : pour le 06 xx xx xx xx en France, écrivez +33 6 xx xx xx xx.

Réponses aux jeux de piste

Regardons si vous avez trouvé toutes les bonnes réponses.

JEU DE PISTE 1

De Restauradores à Alfama (p. 126)

1. 1er décembre 1640
2. Rouge et vert
3. C'est une gare, celle du Rossio
4. À Dom Pedro IV
5. Raoul Mesnier du Ponsard
6. Un aigle
7. Jivago
8. De couronnes de laurier
9. Le latin
10. Rua da Conceição
11. Napoléon
12. Un bébé
13. Du pain dont la recette est pour les pauvres
14. 2
15. 5
16. 7
17. 92
18. 2
19. A Baiuca
20. Une sorte de poisson-monstre marin
21. Une caravelle (un bateau)

JEU DE PISTE 2

Du Chiado au Bairro Alto (p. 135)

1. Des bijoux
2. Des disques de fado
3. C'est le drapeau portugais
4. 3
5. Une couronne
6. Vert et blanc
7. 1732
8. A Brasileira
9. Nossa Senhora do Carmo
10. 1518
11. Des chocolats (c'est la Chocolataria Equador)
12. Jésus-Christ
13. Un corbeau
14. Le Reservatório do Patriarcal
15. 1932
16. Convento dos Cardaes
17. Une cheminée en briques
18. Museu da Farmácia
19. Adamastor
20. Le funiculaire *(ascensor)* da Bica
21. Le capot d'une vieille voiture en relief
22. 8
23. Des ailes

LES PREMIERS MOTS

Oui : Sim
Non : Não
Merci : Obrigado (pour un homme), obrigada (pour une femme)
S'il vous plaît : Se faz favor
Excusez-moi : Desculpa
Bonjour : Ola, Bom dia (matin), boa tarde (après-midi),
Bonsoir : Boa noite (soir)
Au revoir : Adeus, tchau
À bientôt : Até breve
Je ne comprends pas : Não percebo
Comment dit-on… en portugais ? : Como se diz… em português ?
Je : Eu
Tu : Tu
Il : Ele
Elle : Ela
Nous : Nos
Vous : inusité
Vous de politesse : O Senhor, você (plus familier)
Ils, elles : Eles, elas
Comment allez-vous : Está bom ?
Bien, bon : bem, bom
Mal, mauvais : Mau
C'est bon : Está bom
Femme, épouse : Mulher, esposa
Mari : Marido, esposo
Fille : Filha
Fils : Filho
Mère, maman : mae, mamã,
Père, papa : pai, papa
Ami : Amigo

SHOPPING

Combien ça coûte ? : Quanto custa/vale
C'est trop cher : É demasiado caro
Moins cher : Mais barato
Qu'est-ce que c'est ? : O que é ?
Je l'achète : Eu compro-lo
Je voudrais acheter : Queria comprar
Acceptez-vous les cartes de crédit : Aceitam os cartões de crédito ?
Avez-vous… ? : Tem… ?
Ouvert : Aberto
Fermé : Fechado
Plus grand : Maior
Plus petit : Mais pequeno
Je voudrais un paquet cadeau : Queria embrulhar para um presente

AU RESTAURANT

Petit déjeuner : Pequeno almoço
Déjeuner : Almoço
Dîner : Jantar
Végétarien : Vegetariano
J'ai faim : Tenho fome
J'ai soif : Tenho sede

L'addition, s'il vous plaît :
A conta se faz favor
Chaud : Quente
Froid : Frio
Un peu : Um pouco
Beaucoup : Muito
Bien cuit : Bem passado
Saignant : Mal passado
À point : Médio
Bière : Cerveja
Œuf : Ovo
Bœuf : Vaca
Café : Café
Chocolat : Chocolate
Lait : Leite
Confiture : Doce
Crevettes : Camarão
Eau plate : Agua sem gás
Eau gazeuse : Agua com gás
Fruits : Frutas
Frites : Batata frita
Glace : Gelado
Glaçons : Gelo
Jambon : Fiambre
Jus : Sumo
Lait : Leite
Légumes : Legumes
Pain : Pão
Poisson : Peixe
Poivre : Pimenta
Pommes de terre : Batatas
Porc : Porco
Poulet : Frango
Salade : Salada
Sandwich : Sandes
Sel : Sal
Sucre : Açúcar
Thé : Chá
Veau : Vitela
Viande : Carne
Vin : Vinho

SE DÉPLACER

Où est... ? : Onde fica... ?
Billet : Billhete
Quel est le prix du billet ? :
Qual é o preço do bilhete ?
Train : Comboio
Autobus : Autocarro
Métro : Metro
Aéroport : Aeroporto
Gare : Estação de comboio
Station de metro : Estação de metro

À L'HÔTEL

Départ : Saída
Arrivée : Chegada
Chambre : Quarto
Réservation : Reserva
Complet : Completo
Calme : Calmo
Étage élevé : Piso superior
Rez-de-chaussée : Ré de chão
Chambres communicantes :
Quartos interligados
Petit déjeuner inclus :
Pequeno almoço incluído
Lit supplémentaire : Cama adicional
Lit pour bébé : Cama de bebé
Gratuit : Gratuito
Ascenseur : Elevador

SE REPÉRER

À droite : À direita
À gauche : À esquerda
Tout droit : Em frente
En haut : Em cima
En bas : Em baixo
Loin : Longe
Près, proche : Perto
Long : Longo
Court : Curto
Carte : Mapa
Information touristique : Informação turística
Musée : Museu
Banque : Banco
Distributeur automatique : Caixa Multibanco
Poste de police : Esquadra de policia
Médecin : Médico
Pharmacie : Farmacia
Hôpital : Hospital
Magasin : Loja
Restaurant : Restaurante
Toilettes : Casa de banho
Entrée : Entrada
Sortie : Saída
Rue : Rua
Place : Praça
Piscine : Piscina
Port : Porto
Plage : Praia
Avenue : Avenida
Jardin : Jardim
Parc : Parque
Plage : Praia
Parking : Parque de estacionamento

HEURE ET DATE

Quelle heure est-il ? : Que horas são ?
Jour : Dia
Semaine : Semana
Mois : Mes
Année : Ano
Lundi : Segunda Feira
Mardi : Terça Feira
Mercredi : Quarta Feira
Jeudi : Quinta Feira
Vendredi : Sexta Feira
Samedi : Sábado
Dimanche : Domingo

Index

Crédits iconographiques

Photos

135pixels p. 132 (c); A Vida Portugesa p. 177 (a); A-S Guerreirinho p. 4 (c); A. Aperta p. 32 (b), p. 134 (c); A. DG p. 30 (b); A. Di Marco p. 128 (b); A. Fichera p. 92 (b); A. Kseniya p. 90 (a); A. Meira p. 143 (b); A. Monteiro p. 45 (d), p. 71 (c); A. Puggioni p. 78 (b); A. S. Guerreirinho p. 123 (a); A. Segre p. 77 (a); A. Skalska p. 28 (b); A. Vianello p. 100 (a); A.otge p. 44 (b); Aetherial p. 33 (b); Alessio p. 145 (b); Alphonso p. 142 (a, c); Amandine p. 105 (b, c); Aniriana p. 174 (a); Ascensor do Glória p. 35 (c); B. Kaufmann p. 48 (a); B. Laugher p. 109 (a, b); B. Rostad p. 65 (c), p. 126 (b), p. 165 (a); B. Vander-Steen p. 46 (a); Bas1953 p. 57 (b); Beery p. 60 (c); Beirutnationalmuseum p. 8 (b); Biblioteca de Arte p. 13 (a); BineWagner p. 136 (b); BNF p. 11 (b); Bobo Boom p. 119 (a); Bosc d'Anjou p. 110 (a); C. Goulão p. 120 (a); C. Joaquin p. 94 (a); C. Luna p. 144 (c); Capitu p. 85 (c); Castelo de Sao Jorge p. 140 (c); Catmando p. 25 (c), p. 95 (b); Centrefrancoportugais p. 13 (b); Centro Cultural de Belém p. 26 (e); Chefsopinions.org p. 149 (a); ChihPing p. 107 (a); Clearlens p. 24 (c), p. 38 (a); Convento dos Cardaes p. 75 (c), p. 76 (a); D. Barrio Lopèz p. 67 (b); D. Lo Presti p. 5 (b); D. O'Malley p. 142 (b); D. van de Water p. 50 (a), p. 56 (a), p. 131 (a); D. Vine p. 36 (b); Daise p. 33 (a); Damira p. 113 (b); Dasytnik p. 87 (b); Datagraph p. 57 (c); Doczky p. 31 (c); E. Casanova p. 10 (c), p. 11 (a); E. Cristea p. 66 (c); E. Dijour p. 32 (a); E. F. Marcote p. 92 (c); E. Isselee p. 31 (a); Embaixada p. 183 (a); Ertrandbonnefoi p. 99 (c); F. Aragao p. 139 (a); F. Bigio p. 22 (b); F. Ellen p. 28 (d); F. Loudenot p. 92 (a); F. Pereira Jorge p. 55 (a); F. Prochasson p. 127 (b); Farm4 p. 36 (c); Farm9 p. 128 (a); Fb Fragata Dom Fernando p. 108 (a, b, c); Fb Museu Calouste Gulbekian p. 102 (b, c), p. 103 (a), p. 104 (a); Fb Museu da Marioneta p. 107 (b, c); Fb Oceanário de Lisboa p. 98 (a); Firma V. p. 38 (b); G. Bogicevic p. 36 (a); G. H. Bazin p. 97 (b), p. 98 (b); Greatthoughtstreasury p. 57 (a); Grzejnik p. 130 (c); H-M Carriço p. 47 (a), p. 62 (c); H. Barrison p. 91 (c); H. J. de Matos p. 51 (b); H. Ukkel p. 71 (a); Hippotrip p. 34 (b); I. Argaez p. 69 (c); I. Boyle p. 29 (d), p. 33 (c); Igrejaloreto p. 45 (a); Ixprd p. 40 (b); J-P Selve p. 69 (b); J. Berlin p. 24 (d); J. Braz p. 116 (b); J. Byamba-Hughes p. 55 (b); J. Cardoso p. 26 (d); J. Carmo p. 135 (a); J. de Boer p. 76 (b); J. Ene p. 27 (a); J. I Soto p. 93 (c), p. 112 (a); J. Kornelius p. 115 (a); J. Pierce p. 63 (c); J. R. Chandler p. 64 (b); J. Silva p. 122 (b); J. Trindade p. 122 (a); Javier p. 75 (a); JayT47 p. 151 (a); Jiawangkun p. 27 (e); Jorbasa p. 23 (b); Jorisvo p. 44 (c); K. Laroque p. 170 (a); K. Suman p. 98 (c); K. Taylor p. 64 (c), p. 65 (a); Kartouchken p. 111 (a); Krys p. 92 (d); L. Cannon p. 4 (b), p. 8 (a); L. Queiroz p. 61 (b); L. Santos p. 124 (b), p. 125 (a); L. Seco p. 85 (b); Laura VN p. 131 (b); Laurent B. p. 14 (a); Laurenzo p. 61 (a); Lesbaladesdechris p. 15 (b); Leuntje p. 99 (b); Lisboa Story Centre p. 49 (b, c); Lontano p. 28 (a); Louis p. 106 (a); Lynea p. 15 (a); M-Ch Woldt p. 25 (a); M. Barbosa p. 129 (c); M. Ceruti p. 37 (b); M. Godinho p. 74 (b); M. Hansson p. 97 (c); M. Martin p. 12 (b); M. Misztal p. 66 (d); M. Moment p. 157 (a); M. Navaza p. 122 (c); M. Ornellas p. 79 (b), p. 84 (a); M. Pestana p. 74 (a); M. Petit p. 71 (b); M. Ribeiro p. 132 (a); M. Rodrigues p. 29 (b); M. Savoia p. 39 (c); M. Vieira Pereira p. 62 (b); Mapio.net p. 31 (b); Mat's Eye p. 86 (b); Metro Centric p. 121 (c), p. 144 (a); Michaelpuche p. 145 (c), p. 175 (a); Mjtmsch74 p. 84 (b, c); MNAC p. 41 (a, b); Morgaine p. 118 (b); Museu Artes Decorativas p. 63 (b); Museu do Fado p. 61 (c); Museu Nacional dos Coches p. 27 (b); Museudafarmacia p. 77 (c, d); N. Mylova p. 3 (c), p. 29 (c), p. 148 (a); NaughtyNut p. 117 (d); Nito p. 4 (d), p. 26 (c); Nogood57 p. 25 (e); Núcleo Arqueológico p. 47 (b, c); O. Egloff p. 99 (a); O. Fabrizio p. 30 (c); O. Morozova p. 129 (a); OJumento p. 137 (a); Onno p. 101 (a); Orlando p. 141 (b); P. Arps p. 133 (a); P. Brighton p. 158 (a); P. Dykes p. 68 (a); P. Pearson p. 78 (a); P. Phaneuf p. 82 (b); P. R. Simões p. 83 (c), p. 103 (b, c), p. 110 (c); P. Stephenson p. 140 (b); P. Urbain p. 13 (d); Padrão dos Descobrimentos p. 83 (a); Palácio de Belém p. 88 (c); Papabubble Lisboa p. 178 (a); Parquesdesintra p. 90 (c); Pasionenladistancia p. 138 (c); Patricia p. 141 (a); Peresanz p. 86 (c); Poemas del Alma p. 138 (b); R. Grant p. 54 (c); R. Marques p. 91 (b); R. Rebelo p. 68 (b); R. T. Gandelman p. 91 (a); R. Tepfenhart p. 82 (a); R. V. Sousa p. 133 (b); Reaccionário p. 10 (b); Red Cathedral p. 35 (b); Ribeiroantonio p. 79 (a); Ribeiro p. 143 (a); Rogers.com p. 97 (a); S-F p. 5 (d); S. Borges p. 48 (c); S. Cooke p. 67 (a); S. Hitam p. 26 (b); S. Pavone p. 3 (b), p. 117 (c), p. 118 (a), p. 119 (b); S. Stakhnyk p. 112 (b); S. Starkweather p. 110 (b); Saiko3 p. 130 (a); Seb&&AC p. 54 (b); Serge64 p. 137 (c); Shimial p. 45 (b); Silvery p. 14 (b); Soneres SA p. 27 (c), p. 40 (a); Stella Photography p. 111 (b); Stephane p. 100 (b); SteveR p. 94 (b); StockPhotosArt p. 39 (b), p. 93 (a, b), p. 113 (a); Sysasya p. 115 (b); T. Brogan p. 104 (b); T. Chatt p. 134 (a); T. Ladeira p. 15 (c), p. 35 (a); Tai Pan of HK p. 90 (b); Taiga p. 114 (a); Tarcit p. 126 (d); Taromon p. 116 (a); Th. Gonzalez p. 60 (b); Travelingtolisbon.com p. 37 (a); Trekmaniac-is-back p. 28 (c); Tuk_tuk p. 23 (c); V. Castelo Gutiérrez p. 95 (a); V. Maschek p. 117 (b); V. Oliveira p. 89 (b); V. Petrakov p. 117 (a); V. Ribeiro p. 89 (a); Vaflya p. 123 (b); Valentina p. 66 (a), p. 114 (b); Ventura p. 45 (c); Vichie81 p. 119 (c); Vince p. 24 (a); Vkuslandia p. 168 (a); W. Kusiak p. 208 (a); Wallpaper.com p. 88 (a); Yurinelson33 p. 127 (a); Z. Bereczki p. 38 (c); Zyankarlo p. 87 (a); Zydesign p. 4 (a), p. 89 (c).

Illustrations

Sauf mention contraire, toutes les illustrations de ce guide ont été réalisées par notre talentueuse dessinatrice lili Bé.

Carnet de voyage de la famille

....

Date du voyage : du .... au ....

Indique ici avec qui tu voyages :

....

....

....

....

....

....

....

Jeu des 7 erreurs

Regarde bien le dessin n° 2 et recherche les 7 différences par rapport au dessin n° 1.

Dessin n° 1

Solution p. 25

Dessin n°2

À PRENDRE AVEC TOI POUR LA VISITE

Jeu sur la Praça do Comércio

(voir guide p. 48)

Pendant ta visite de la Praça do Comércio, cette immense place située au bord du fleuve de Lisbonne, nous te proposons ce petit jeu, qui te permettra d'en savoir plus sur l'histoire de cet endroit tout en t'amusant !

(réponses page 9)

1. Tout d'abord, **essaye de deviner ce que veut dire Praça do Comércio** en français. Même si tu ne parles pas du tout portugais, tu devrais t'en sortir par simple déduction.

- ❑ Place des Corbeaux
- ❑ Place du Commerce
- ❑ Place des Commérages

Le sais-tu? Un roi a été assassiné sur cette Praça do Comércio. Il s'agit de Carlos Ier, tué avec son fils le 1er février 1908 par la Carbonaria, un groupe républicain portugais. À ne pas confondre avec la carbonara italienne !

Rends-toi maintenant au centre de la place, où se trouve la statue d'un homme à cheval. Place-toi face à la statue, côté fleuve, et observe bien la plaque qui donne des indications sur ce cavalier d bronze.

2 Comment s'appelle le cavalier, qui était en fait roi du Portugal ?

- ❑ Josepho I
- ❑ Manuel XII
- ❑ João IV

Le sais-tu? Cette statue équestre est la première de cette taille dédiée à un roi dans la capitale portugaise. Datant de 1775, celle-ci est l'œuvre du principal sculpteur portugais du XVIIIe siècle, Joaquim Machado de Castro.

3 Observe à présent la base de la statue équestre, des scènes sont sculptées dans la pierre. Fais-en le tour, regarde bien quels sont les deux animaux qui y sont représentés.

4 Cette place est l'une des plus grandes d'Europe. **À ton avis, combien mesure-t-elle ?** Observe-la bien et réponds en faisant appel à ta logique !

- ❑ 18 m × 20 m
- ❑ 180 m × 200 m
- ❑ 1 800 m × 2 000 m

Regarde maintenant autour de toi. Tu verras que la place est bordée de très nombreux arcs, sous les édifices jaunes qui l'entourent.

5 **À ton avis, combien d'arcs y a-t-il ? Pour éviter d'avoir à les compter, résous cette petite énigme.**

Multiplie 4 par 5
Multiplie le résultat obtenu par 4
Ajoute 6
Indique le résultat : _ _

Le sais-tu ? Cette place est également appelée Terreiro do Paço ("place du Palais"), car, jusqu'au tremblement de terre, s'y trouvait la résidence du roi. Mais le souverain fut si effrayé lorsque la catastrophe frappa qu'il préféra déménager et s'installer à Ajuda, à l'abri du danger !

Comme bien des quartiers de Lisbonne, la Praça do Comércio a été ravagée par le grand tremblement de terre dont tu as sûrement entendu parler depuis le début de ton séjour.

6 En quelle année ce tremblement de terre a-t-il eu lieu ?
Si tu ne le sais pas, demande le guide à tes parents et cherche la réponse en lisant le texte de la page 11. Coche la bonne réponse.

1755 ❑ 1860 ❑ 1910 ❑

Dirige-toi maintenant vers le fleuve avec tes parents. Traverse la rue et place-toi entre les deux boules fixées sur des piquets. C'est là que débarquaient jadis les bateaux arrivant à Lisbonne.

7 Admire un peu la beauté de la rivière et essaye de deviner son nom grâce à ce petit rébus !

Mon premier est le féminin de "ton".

Mon deuxième exprime la première personne du singulier avant un verbe.

Mon tout est le _ _ _ _

Regarde maintenant sur ta droite, en direction du grand pont rouge, le pont du 25 avril, date de la révolution portugaise de 1974. C'est de là qu'est venu, peu après le tremblement de terre, un terrifiant phénomène naturel encore plus meurtrier : un gigantesque Tsunami !

8 Qu'est-ce qu'un tsunami ?

- ❑ Cela signifie "incendie" en japonais.
- ❑ C'est une vague géante qui s'est abattue sur Lisbonne.
- ❑ C'est le nom donné à des poissons volants dévoreurs d'hommes qui ont envahi la ville.
- ❑ C'est le nom donné à une grosse averse.

Après la catastrophe, un marquis portugais a décidé de reconstruire la ville en la transformant complètement. Elle a gardé le même visage jusqu'à aujourd'hui et ce personnage est devenu l'un des plus importants de l'histoire portugaise.

9 Comment s'appelait ce marquis ?
Résous cette petite énigme pour le deviner !

Mon premier est une construction qui permet de franchir un obstacle. On l'emprunte par exemple en voiture pour passer au-dessus d'un fleuve. Si tu te trouves au bord de celui de Lisbonne, tu en as un dans ton champ de vision.

Mon second est un objet tout rond qui permet de jouer au football, au hand ou au volley. Au féminin, on l'appelle une...

Mon tout est le marquis de _ _ _ _ _ _

Le sais-tu? Il ne faut pas s'y tromper : ce personnage historique avait beau n'être que marquis, il avait plus de pouvoirs que le roi de l'époque et c'est lui qui, en vérité, gouvernait le Portugal.

Pour terminer ce petit jeu, nous te proposons de quitter cette place en passant sous l'Arc de triomphe situé à l'opposé du fleuve. Passe donc sous l'arc, parcours une dizaine de mètres et retourne-toi.

10 Qu'observes-tu de ce côté de l'Arc ?
Un indice : cet objet sert à mesurer le temps qui passe.
Il s'agit d'une _ _ _ _ _ _ _

Réponses

1. Place du Commerce
2. Josepho !
3. Un cheval et un éléphant
4. 180 m × 200 m
5. 86
6. 1755
7. Ta-je (Tage)
8. C'est une vague géante qui s'est abattue sur Lisbonne
9. Pont-balle (Pombal)
10. Une horloge

À PRENDRE AVEC TOI POUR LA VISITE

Jeu au Castelo de São Jorge

(voir guide p. 64)

Ça y est, tu es enfin arrivé au Castelo de São Jorge ! Ça grimpait un peu, mais le résultat en vaut la chandelle ! Grâce à ce petit jeu, nous allons te faire découvrir un peu mieux l'histoire de cette forteresse qui veille sur Lisbonne depuis des siècles. ***(réponses page 15)***

1 Tout d'abord, tu dois essayer de deviner comment se traduit "Castelo de São Jorge" en français.
Si tu es logique, tu devrais y arriver très facilement. Coche la bonne réponse.

- ❑ Château Saint-Mathieu
- ❑ Château Saint-François
- ❑ Château Saint-Georges

Dès que tu auras passé les portes donnant accès au jardin et au château, rends-toi avec tes parents sur le belvédère, en bordure du jardin, et admire le panorama sur la ville et le fleuve. Observe au loin la statue du Christ Roi.

2 Quelle ombre correspond à l'image du Christ Roi ?

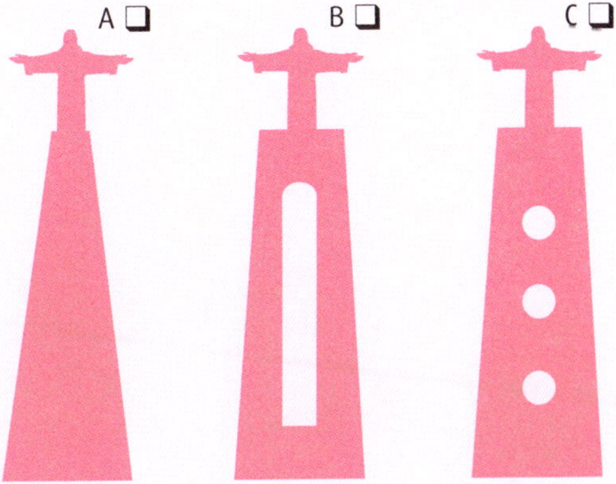

Le sais-tu ? Ce vieux château qui domine la ville ne s'est pas construit en un jour ! Depuis la naissance de Lisbonne, ou presque, cette colline est une place fortifiée. Les Romains y ont bâti des défenses militaires, avant que les Maures ne prennent le relais et que les Portugais terminent le travail.

Dès que ce petit jeu est terminé, retourne-toi et cherche l'entrée donnant accès à l'intérieur des ruines du château. Il te faudra passer sur un petit pont en pierre. Vérifions que tu ne te trompes pas d'endroit !

3 Qu'est-ce qui se trouve juste avant le pont ?
Coche la bonne réponse.

☐  ☐  ☐ 

Lorsque tu auras traversé le pont et que tu seras passé sous une arche en pierre, tu seras arrivé à ce qui était jadis l'intérieur de la forteresse.

4 Résous cette énigme pour savoir combien de tours sont toujours debout !

Multiplie 4 par 5
Multiplie le résultat obtenu par 4
Ajoute 6
Indique le résultat : _ _

Dans l'une de ces tours (la tour d'Ulysse) se trouve une attraction que tu dois absolument faire avec tes parents. Il s'agit de la câmara escura (qui se traduit par chambre noire), une sorte d'écran de cinéma sur lequel sont projetées, grâce à un périscope, des images de Lisbonne à 360°.

5 **Les images de Lisbonne que tu vois :**
(Coche la bonne réponse.)

- ❑ Sont diffusées en temps réel.
- ❑ Ont été filmées la veille.
- ❑ Ont été filmées il y a une heure.

Le sais-tu? Le nom du château n'a rien à voir avec un personnage historique portugais. Ce fameux "São Jorge", dont tu as deviné le nom français en début de jeu, n'était autre que le saint patron des chevaliers et des croisades. On lui a donné ce nom car ce sont les croisés qui ont aidé les Portugais à chasser les Maures.

Grimpe maintenant l'un des escaliers permettant d'accéder au chemin de ronde de la muraille et entre dans l'une des tours qui s'y trouvent. Ou admire tout simplement la vue depuis la muraille. Comme tu peux le voir, la vue est encore plus impressionnante d'ici !

6 **À ton avis, pourquoi le château a-t-il été construit sur cette colline de Lisbonne, à la visibilité parfaite ?**
Coche la bonne réponse.

- ❑ Parce que le roi était né à cet endroit.
- ❑ Pour surveiller l'arrivée d'ennemis qui voulaient attaquer Lisbonne.
- ❑ Parce qu'il n'y avait pas assez de place ailleurs.

Comme tu peux le voir, il ne reste plus grand-chose de ce vieux château, tout juste quelques ruines, des tours et les remparts. Mais c'est normal, il est très, très vieux !

7 De quelle période datent les premières défenses militaires installées sur cette colline ?
Un indice : à cette époque, on parlait latin à Lisbonne. Coche la bonne réponse.

- ❑ De l'époque phénicienne.
- ❑ De la Grèce antique.
- ❑ De la période de l'Empire romain.

Lisbonne a été envahie à de nombreuses reprises. Notamment par les armées musulmanes, qui ont occupé le château pendant des siècles.

8 Comment appelait-on ces armées musulmanes ?
Complète ce mot croisé pour le découvrir.

P	O		B	A	L			
	F		D	O				
			L	Y	S	S	E	
	T		A	M	W	A	Y	
			S	P	A	G	N	E
L	I		B	O	E	T	E	S

9. **Les musulmans sont restés à Lisbonne entre 714 et 1147. Peux-tu déduire le nombre d'années durant lesquelles ils ont occupé la capitale portugaise ?** Coche la bonne réponse.

- ❑ 233
- ❑ 433
- ❑ 533

En vivant à Lisbonne pendant si longtemps, les musulmans ont eu le temps d'y exercer une influence considérable, toujours visible aujourd'hui notamment dans la décoration.

10. **Retire les P et les X pour découvrir cet élément de décoration.**

A P P X Z U X X L P P P E X P J O X X P S

Réponses

1. Château Saint-Georges
2. B
3. Un réverbère
4. 11 tours
5. diffusées en temps réel
6. Pour surveiller l'arrivée d'ennemis qui voulaient attaquer Lisbonne
7. De la période de l'Empire romain
8. MAURES
9. 433 ans
10. AZULEJOS

Lisbonne Quiz

Q1. Combien de collines trouve-t-on dans Lisbonne ?

❑ 2 ❑ 7 ❑ 10

Q2. Comment s'appellent les habitants de Lisbonne ?

❑ Des Lisbonnais ❑ Des Libanais
❑ Des Lisboètes ❑ Des Lisbonnois

Q3. Quel est le nom du fleuve que l'on peut voir à Lisbonne ?

❑ Le Guadalquivir ❑ Le Douro ❑ Le Tage

Q4. Qu'est-ce qu'un miradouro ?

❑ Un quartier de Lisbonne ❑ Un belvédère
❑ Un poisson local

Q5. Les habitants de Lisbonne ont de la chance, ils peuvent aller à la plage car la ville est bordée par ?

❑ L'océan Atlantique ❑ L'océan Indien
❑ La mer Méditerranée

Q6. Qu'est-ce que le fado ?

❑ Un chant portugais
❑ Une danse portugaise
❑ Une fête nationale portugaise

buzz

Q7. Un tramway est très célèbre à Lisbonne, quel est le numéro de sa ligne ?

❏ 8 ❏ 18 ❏ 28

Q8. Le Portugal est réputé pour ses carreaux de faïence. On les appelle :

❏ Casulejos ❏ Azulejos ❏ Azubolos

Q9. À Lisbonne, on mange des pasteis de nata. Qu'est-ce que c'est ?

❏ Des gâteaux ❏ Des pâtes ❏ Des sardines

Q10. Vasco de Gama est un célèbre :

❏ Joueur de football ❏ Explorateur
❏ Chanteur de fado

Réponses

1. 7
2. Des Lisboètes
3. Le Tage
4. Un belvédère
5. L'océan Atlantique
6. Un chant portugais
7. 28
8. Des azulejos
9. Des gâteaux
10. Un explorateur

Expressions amusantes

Chaque langue a des expressions amusantes pour décrire des situations. Amuse-toi à retrouver les équivalences entre l'espagnol et le français en associant un chiffre des bulles situées à gauche à une lettre de celles à droite. Pour t'aider un peu, on t'a mis la traduction. Tu vas voir, c'est vraiment rigolo !

1. Puxar a brasa para a sua sardinha
   Mettre de la braise sur sa sardine
2. Ter macaquinhos no sotao
   Avoir des petits singes dans le grenier
3. Ser pé frio
   Avoir le pied froid
4. Ter as mãos largas
   Avoir les mains larges
5. Subir nos tamancos
   Monter dans les sabots

A. Avoir une araignée au plafond
B. Tirer la couverture à soi
C. Avoir le cœur sur la main
D. Monter sur ses grands chevaux
E. Avoir la poisse

Solution p. 25

Méli-mélo

Les fils de pêche se sont tout emmêlés !
Retrouve ce que chaque enfant a pêché.

Solution p. 25

Labyrinthe

Ana a égaré son gâteau.
Aide-la à le retrouver.

Jeu d'ombres

Quelle ombre correspond
à l'image du coq ?

A B C D

Solution p. 25

Ces pages sont à toi!

Tu peux y écrire les nouveaux mots que tu as appris ou faire de jolis dessins. Fais-en ce que tu veux !

Jeu du métro

Le métro de Lisbonne (en portugais Metropolitano de Lisboa) compte quatre lignes, 46 kilomètres de rail et 55 arrêts.

Aujourd'hui, on a décidé d'aller à Sintra et on doit prendre le train à la **gare de Rossio**. Mais il faut que tu nous aides à nous repérer dans le métro.

On séjourne près de la station **Cidade Universitária** et on doit prendre au passage, à la station **Anjos**, notre ami Manuel qui vit à Lisbonne.

Combien de changements de ligne faut-il effectuer ?

Réponse :

❑ 2

❑ 3

❑ 4

Solution p. 25